Google　Apple　Facebook　amazon

GAFA VS. 中国

世界支配は「石油」から
「ビッグデータ」に大転換した

渡邉哲也
Watanabe Tetsuya

ビジネス社

貧しい国が豊かになると戦争が起こり
豊かな国が貧しくなると内乱が起こる

GAFA vs. 中国
——世界支配は「石油」から「ビッグデータ」に大転換した

目次

序章 米中冷戦復活、データ覇権の世紀

第1章 中国vs.GAFAデータ覇権

第2章 米中貿易戦争は全面戦争へ

第3章 中国排除に動き出した世界、対応を迫られる企業

第4章　ヨーロッパ・中東の危機

第5章　世界激変、どうする日本

序章

米中冷戦復活、データ覇権の世紀

平成はグローバリズムの時代

平成31年（2019年）の4月30日に今上陛下の譲位が行なわれ、平成が終わります。平成という時代を改めて振り返ってみると、その始まりはほぼグローバリズムの台頭と合致します。

昭和天皇の崩御、平成の御代の始まりと、ベルリンの壁の崩壊が同じ年（1989年）に起きました。91年にはソ連が崩壊し、共産主義体制の矛盾が白日の下にさらされたのです。

戦後の東西冷戦において東側陣営の崩壊により、西側の王様である米国がつくったルールのもとで、世界が統一されるかのように見えました。つまり、この平成の御代の30年間というのはグローバリズムの時代だったわけです。

このグローバリズムを一言でいえば、ヒト・モノ・カネの移動の自由化、世界中から壁をなくしていくというルールづくりでした。ミルトン・フリードマン氏ら「シカゴ学派」が1980年代に唱えた「新自由主義」がその源流です。政府の政策は市場をゆがめる「財政策」ではなく、より影響の少ない「金融政策」に留め、国家による規制を撤廃し、国営企業の「民営化」を促す。ようするに「新自由主義」＝「小さな政府」で、国境の壁を次々と壊すことにより、1つのルールが支配する市場を拡大していきました。いわゆる「ワン・ワールド化」です。

しかしこれは幻想にすぎず、結果的により過剰な競争による無秩序を生み出してしまいました。行き過ぎた自由主義がリーマンショックによって、米国の資本主義体制と絶対的覇権体制までも壊してしまったのです。

グローバリズムの恩恵を享受していたのは、中国をはじめとする新興国と欧米のグローバル企業やグローバル金融機関です。

グローバル企業は安い人件費と土地を求めて新興国の「工業化」に投資し、グローバル金融機関などを通じて利益を回収する。その回収利益を国内の第3次産業であるサービス業にあてることにより、先進国は豊かさを享受してきたわけです。

一方、中国は世界の工場となり、安い製品を米国などの先進国に輸出して外貨を稼ぎました。安価な中国製品は米国の消費者に恩恵を与える半面、先進国の製造業を疲弊させ、雇用を奪いました。

先進国において、グローバリズムの恩恵を受けるグローバル企業およびグローバル金融機関と、製造業の衰退により雇用を失った労働者たちとのすさまじい格差を生み出し、大衆のルサンチマンを呼んだのです。

そして、先進国と新興国の関係も2008年のリーマンショックにより、崩れました。先進国のグローバル金融機関が、新興国の市場を支配する構造が破壊されてしまったのです。たとえるなら、カネを吸い上げるポンプが壊れてしまったわけです。現にいま世界の十大銀行のうち1位から4位までに中国の銀行がランキングされ、欧米が支配したはずの金融市場を中国が牛耳るような状況になってしまったのです。

バブルに踊らされていた世界

一方、4兆元（57兆円）にも及ぶ資金投入で、リーマンショック後の混乱に陥った世界経済を、何とか持ちこたえさせたのが中国でした。しかしその中国も以後、10年にわたる欧米の超金融緩和政策により経済をすっかり歪《ひず》ませてしまいました。

人民元の信用を支えていたのは外貨＝ドルです。中国は人民元を実際よりも安くドルと

30年でこんなに違う時価総額ランキング

平成元年

順位	企業名	時価総額（億ドル）	国名
1	NTT	1,638.6	日本
2	日本興業銀行	715.9	日本
3	住友銀行	695.9	日本
4	富士銀行	670.8	日本
5	第一勧業銀行	660.9	日本
6	IBM	646.5	米国
7	三菱銀行	592.7	日本
8	エクソン	549.2	米国
9	東京電力	544.6	日本
10	ロイヤル・ダッチ・シェル	543.6	米国
11	トヨタ自動車	541.7	日本
12	GE	493.6	米国
13	三和銀行	492.9	日本
14	野村證券	444.4	日本
15	新日本製鉄	414.8	日本
16	AT&T	381.2	米国
17	日立製作所	358.2	日本
18	松下電器	357.0	日本
19	フィリップ・モリス	321.4	米国
20	東芝	309.1	日本
21	関西電力	308.9	日本
22	日本長期信用銀行	308.5	日本
23	東海銀行	305.4	日本
24	三井銀行	296.9	日本
25	メルク	275.2	米国
26	日産自動車	269.8	日本
27	三菱重工業	266.5	日本
28	デュポン	260.8	米国
29	GM	252.5	米国
30	三菱信託銀行	246.7	日本
31	BT	242.9	米国
32	ベル・サウス	241.7	米国
33	BP	241.5	米国
34	フォード・モーター	239.3	米国
35	アモコ	229.3	米国
36	東京銀行	224.6	日本
37	中部電力	219.7	日本
38	住友信託銀行	218.7	日本
39	コカ・コーラ	215.0	米国
40	ウォルマート	214.9	米国
41	三菱地所	214.5	日本
42	川崎製鉄	213.0	日本
43	モービル	211.5	米国
44	東京ガス	211.3	日本
45	東京海上火災保険	209.1	日本
46	NKK	201.5	日本
47	アルコ	196.3	米国
48	日本電気	196.1	日本
49	大和証券	191.1	日本
50	旭硝子	190.5	日本

出所：米ビジネスウィーク誌(1989年7月17日号)
「THE BUSINESS WEEK GLOBAL 1000」

平成30年

順位	企業名	時価総額（億ドル）	国名
1	アップル	9,409.5	米国
2	アマゾン・ドット・コム	8,800.6	米国
3	アルファベット	8,336.6	米国
4	マイクロソフト	8,158.4	米国
5	フェイスブック	6,092.5	米国
6	バークシャー・ハサウェイ	4,925.0	米国
7	アリババグループ・ホールディング	4,795.8	中国
8	テンセント・ホールディング	4,557.3	中国
9	JPモルガン・チェース	3,740.4	米国
10	エクソン・モービル	3,446.5	米国
11	ジョンソン・エンド・ジョンソン	3,375.5	米国
12	ビザ	3,143.8	米国
13	バンク・オブ・アメリカ	3,016.8	米国
14	ロイヤル・ダッチ・シェル	2,899.7	米国
15	中国工商銀行	2,870.7	中国
16	サムスン電子	2,842.8	韓国
17	ウェルズ・ファーゴ	2,735.4	米国
18	ウォルマート	2,598.5	米国
19	中国建設銀行	2,502.8	中国
20	ネスレ	2,455.2	スイス
21	ユナイテッドヘルス・グループ	2,431.0	米国
22	インテル	2,419.0	米国
23	アンハイザー・ブッシュ・インベブ	2,372.0	ベルギー
24	シェブロン	2,336.5	米国
25	ホーム・デポ	2,335.4	米国
26	ファイザー	2,183.6	米国
27	マスターカード	2,166.3	米国
28	ベライゾン・コミュニケーションズ	2,091.6	米国
29	ボーイング	2,043.8	米国
30	ロシュ・ホールディング	2,014.9	スイス
31	台湾・セミコンダクター・マニュファクチャリング	2,013.2	台湾
32	ペトロチャイナ	1,983.5	中国
33	P&G	1,978.5	米国
34	シスコ・システムズ	1,975.7	米国
35	トヨタ自動車	1,939.8	日本
36	オラクル	1,939.3	米国
37	コカ・コーラ	1,925.8	米国
38	ノバルティス	1,921.9	スイス
39	AT&T	1,911.9	米国
40	HSBC・ホールディングス	1,873.8	米国
41	チャイナ・モバイル	1,786.7	香港
42	LVMHモエ・ヘネシー・ルイ・ヴィトン	1,747.8	フランス
43	シティグループ	1,742.0	米国
44	中国農業銀行	1,693.0	中国
45	メルク	1,682.0	米国
46	ウォルト・ディズニー	1,661.6	米国
47	ペプシコ	1,641.5	米国
48	中国平安保険	1,637.7	中国
49	トタル	1,611.3	フランス
50	ネットフリックス	1,572.2	米国

出所：ダイヤモンド社　ダイヤモンドオンライン
※7月20日時点。各種データを基に作成

固定することにより、外貨を呼び込み、それをもとに通貨の信用創造を繰り返していました。つまり基軸通貨ドルへの挑戦といいながら、人民元は実質的な「ドルペッグ制（通貨バスケット制度）」だったのです。

したがって、米国の連邦準備理事会（ＦＲＢ）による金融緩和の影響をまともに受ける構図だったわけです。

中国の不動産バブルにより、２０１６年末までに中国の不動産総額は約43兆ドル（約４８５０兆円）にも達したと言われています。これは中国のＧＤＰの３７５％に相当し、日本のバブル期ピークの不動産総額に匹敵する数字です。

バブルにあおられ貸し出しが増えた結果、企業債務はＧＤＰの１７０％に達し、家計債務も対ＧＤＰで2倍以上に増えました。銀行融資の最大4分の1は不良債権化しているという報告もあります。また、シャドーバンキング（影の銀行）の債務はＧＤＰ比で71％に達しています。

バブルの膨張としては、日本をはるかに上回る規模です。中国バブルが弾けた場合、世界経済への影響はリーマンショックの比ではないでしょう。

その意味で、日本も米国も中国もバブルに踊らされていた「失われた30年」だった、といえるのです。

データ覇権をめぐる相克

平成はグローバリズムの時代と先に述べましたが、この間はインターネットが急激に普及した時代でもありました。

いま世界は「第4次産業革命」と「第五次社会」に入ったといわれています。

産業革命とは、いうまでもなく18世紀末のイギリスで始まった「産業革命」を発祥とする言葉です。水力や蒸気機関による工場の機械化により「産業革命」は始まり、20世紀初頭の分業に基づく電力を用いた大量生産を「第2次産業革命」、1970年代初頭からの電子工学や情報技術を用いたいっそうのオートメーション化を「第3次産業革命」といいます。それにつづく産業革命ということで「第4次産業革命」と呼ばれています。

具体的には、IoT、ビッグデータ、AI、ロボットを指します。これをツールとして、あるいはこのシステムをツールとして「第5次社会」——すなわち、バーチャルとリアルが高度に融合した「超スマート社会」をつくる、というのがその目標です。

「ＩｏＴ（モノのインターネット）」とは、すべてのモノがスマホのように情報端末としてインターネットにつながっていくことを意味します。

家庭のテレビもエアコンも車もすべてが情報端末として機能してデータを収集し、それら膨大なデータをクラウドコンピューティング（インターネット上にある複数のサーバーを利用して作業を行なうサービス形態を表した概念）に送れるようにする。これがいわゆる「ビッグデータ」です。

現在、全世界で1年間に生み出されるデータの量は「ゼタ」（ギガの10億倍）の1兆倍だといいます。そして２０２５年には１６３ゼタと16年比の10倍に増えると予測されていいます（米調査会社ＩＤＣ）。これがどれくらいのデータ量かというと、全人類1人ひとりが、世界最大の図書館の全蔵書に匹敵するデータを生み出すのに等しいというのです。

もちろん、ビッグデータだけではただのデータの山にすぎませんが、これを「ＡＩ（人工知能）」に解析させることにより、「宝物」に変えることができるのです。ビッグデータを企業のニーズに従ってＡＩが解析し、最適なソリューションをロボット（ヒト型ではない）が行なう、合理化されたシステムの構築が可能となるのです。

製造業であれば、各国のすべての工場から、あるいはすべての機器から、日々動いているデータがセンサーを通じて全部クラウドに送られてきます。それをAIが解析してすべてのオペレーションの最適化を考えます。そして、そのクラウドのAI側から世界中のすべての工場に、すべての機器に最適な指示が出される。要するに省力化、無人化が進むわけです。

建設業も変わります。第4次産業革命のもとでは、たとえば集中制御室から1500キロ先の資源採掘現場の無人ダンプを動かしたり、ドローンを飛ばして3次元図面を引き、その場でブルドーザーが整地したりできるのです。

医療分野でも多数の患者のカルテのデータを集めることで、AIが診断できるようになります。つまり、これまで人がやっていたことの多くを、AIやロボット・機械で代替可能となるのです。人口減少の日本では労働力不足が深刻な問題となっていますが、その打開策としても期待されているのです。

このIoTというのは、日々進化の過程にあり、IoTは「IQT（IQ of Things）＝IQ（知能指数）を持ったモノ」に移行しています。

マスターサーバーのAIと端末のAIが会話をすることにより、知能指数を上げていくのです。端末は単なるセンサー機能ではなく、マスターサーバーのAIからくるニーズの変化に対応し、それに沿ったデータを識別して送っていきます。やみくもにデータを送るのではなく、対話をして常に最適データを選別するのです。

私たちはいまそういう時代に生きているのです。

つまり良質のデータをどれだけ大量に集めるかが重要なのですが、「データ覇権」を確立しようと争っているのが米中です。貿易戦争の裏にはこの「データ覇権」をめぐる争奪戦のあることを忘れてはなりません。それは国家のみならず、われわれがふだんから接している巨大IT企業GAFA（グーグル、アップル、フェイスブック、アマゾン）の各社も「データ」の覇者たらんことを意図し、プラットフォーム（基盤）を提供して、日々「ビッグデータ」を収集、解析しているのです。「データ」とは21世紀の「石油」であるといえば、その重大性がわかるのではないでしょうか。

GAFA、中国、米国――そしてわが日本も「データ覇権」に向けて動き出している、というのが本書で伝えたい大きなテーマの1つです。

分離する市場と冷戦の復活

国家対国家、国家対企業においてはエゴイズムとエゴイズムの対立をみせるなか、その反動として国内では「ナショナリズム」が台頭しています。

周知のようにまず脱グローバリズムに動いたのはイギリスでした。グローバリズムという潮流において、本来海洋国家であるはずのイギリスが大陸に寄っていき、ＥＵという１つの共同体に入りました。しかしブレグジットによって、今度はＥＵからの離脱を選択したわけです。それが連鎖するかのように「アメリカ・ファースト」、強いアメリカの復権を唱えるトランプ氏が大統領選で勝利しました。そして世界中でドミノ倒しのようにナショナリズム政党が台頭し始めたのです。

こうなってくると世界は１つのルールで動かなくなります。いわば市場の分離＝冷戦の復活です。

これまで米国は市場のワンルールとして「フリートレード」とだけ言っていました。ヒト・モノ・カネの移動の自由です。それが「フリーでフェアなトレード」と言い換えだしたのです。つまり、自由で公平な貿易に変えたわけです。

新自由主義に対して一定のルールのもとでの自由、共通の互恵関係に基づく自由という言葉を使い出したのです。つまりこれまで壁のなかったマーケットがにわかに「分離」され始めたわけです。

そして、トレード（貿易）という物々交換に対して、中国は一方的に自らのルールを他国に強制してきました。このため、ルールの番人である米国は自由主義マーケットから、「出ていけ」といっているわけです。

米国と中国の「貿易戦争」も市場の分離＝冷戦の復活という文脈で読み解くべきでしょう。もっといえば、「中国を排除したブロック経済」を米国はつくろうとしているのです。

そのことを見誤れば日本も、日本企業も生き残れない時代に突入したのです。

第1章

中国VS.GAFAデータ覇権

なぜＧＡＦＡは最強なのか

米中貿易戦争が過熱するなか、国家対国家の陰に隠れているものの、１つ忘れてはならないのが、「グローバル企業（多国籍企業）」の動向です。ＧＡＦＡ――グーグル、アップル、フェイスブック、アマゾンといった、いわゆる「プラットフォーマー」と呼ばれる巨大ＩＴ企業が、「ビッグデータ」を集め、データ覇権を確立しようとしていることでしょう。

ＧＡＦＡの時価総額は４社で３兆ドルを超えています（15ページ参照）。これは英国やインドの国内総生産（ＧＤＰ）を上回ります。ちなみに日本のＧＤＰはドル換算だと約４兆１０００ドルなので、ＧＡＦＡの時価総額がどれくらい大きいかイメージできると思います。

ついでに比較すると、日本には1億２０００万の人々が住んでいますが、ＧＡＦＡが雇用している従業員は41万人にすぎません。つまり、「ＧＡＦＡ帝国」は、ＧＤＰが日本の４分の３ほどありながら、国民は３００分の１の数しか住んでいないことになります。恐

GAFAの合計売上高は10年で7倍に急成長！

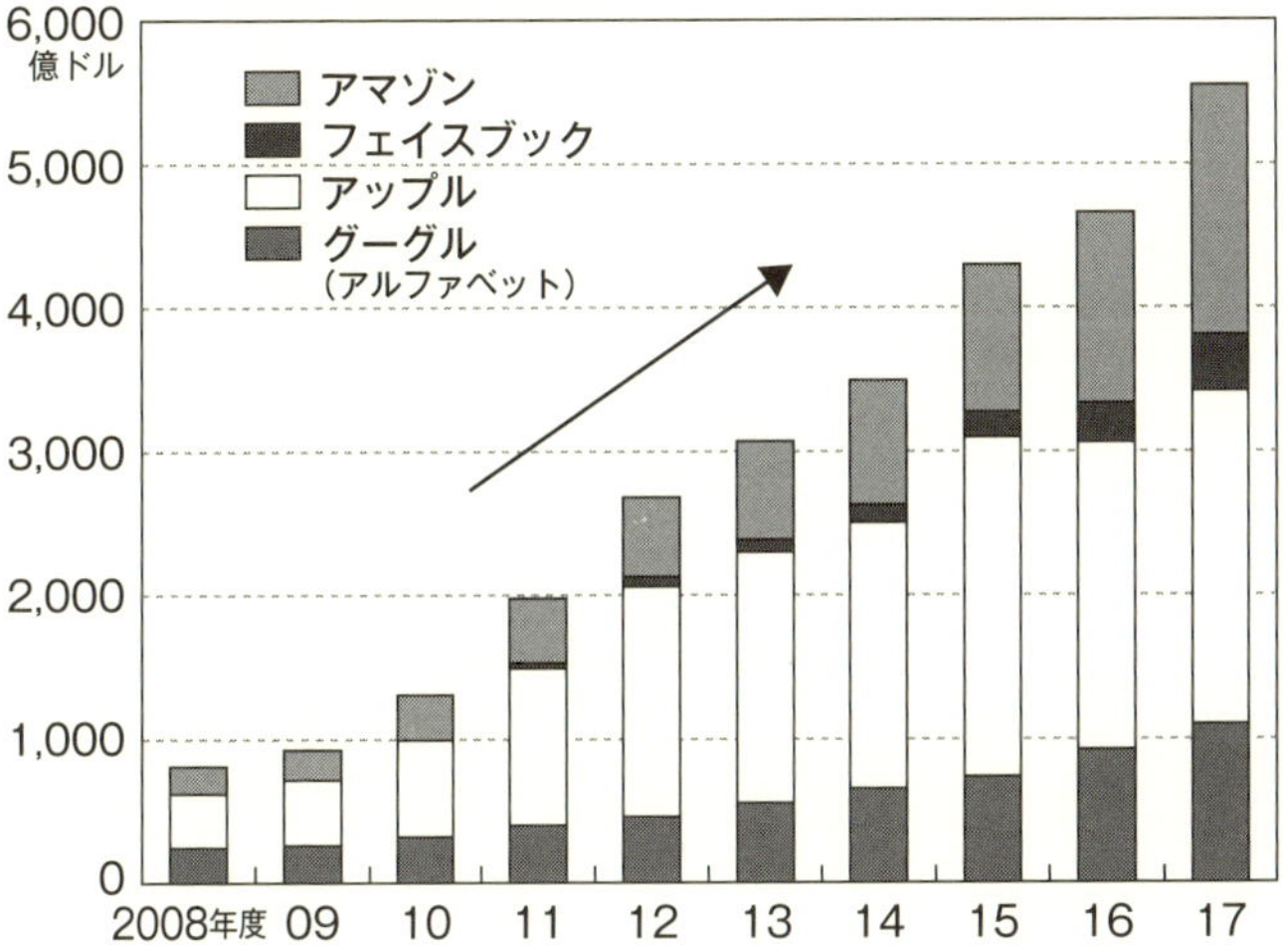

るべき合理化、あるいは「無人化」「省人化」です。

また、４社合計の研究開発費は５９０億ドルに達し、フランスの軍事費に匹敵します。この規模からみても単なる「企業」とは言えないことがわかるでしょう。

プラットフォーム（基盤）とは新しい時代のインフラのことです。世界の人や企業が、生活や仕事をするうえでも使わざるをえない、便利なハードやソフトを提供してくれます。グーグルの検索エンジン、アップルのiPhone、フェイスブックのＳＮＳ（ソーシャル・ネットワーキング・サービス）、アマゾンのＥＣサイトを、いまさら拒否することができる人は少ないのではないでしょうか。

したがって、いまネットの世界は大半が「無料」ですが、われわれはプラットフォームの利用条件を受け入れなければならず、「有料化」を請求されれば使用料を払わざるをえなくなるでしょう。ＧＡＦＡは情報を配信しているだけと主張して表向きはソフトや情報提供者にすぎませんが、実態はほぼ市場を独占する「公益事業者」といっていい存在なのです。

これからは「データ」が重要であり「ビッグデータ」が膨大な価値を生み出すことは先に述べたとおりです。たとえばわれわれがインターネット上で検索したり商品を購入したりすれば、すぐ類似商品の広告が頻繁に表示されます。このような広告を「ターゲティング広告」といい、ＧＡＦＡの収益源になっています。つまり、ユーザーにとってＧＡＦＡがもたらす多くのサービスは無料ですが、じつは「個人情報の提供」という対価を支払っているだけなのです。

様々なモノがインターネットにつながるＩｏＴの世界は、われわれの行動のすべてを「データ化」しようとします。車を運転すれば、ドライバーの運転技術のデータが得られます。どのような経路をたどったかという運転履歴も、ドライバーの健康情報も、保険加入の際に有用なデータに変わるわけです。

こうしたサービスは独占的に供給されているので、消費者は個人情報の提供を拒否するとサービスを使えなくなります。つまり、表向きがどうであろうと消費者は実質拒否できない仕組みになっているわけです。こうして個人のあらゆる情報が独占企業に利用されていきます。

言うまでもないことですが、データを独占し市場を支配すれば、大儲けができます。「ビッグデータ」が「新しい石油」と言われる所以《ゆえん》です。各種プラットフォームを制する者が世界を制する、というのが「データ覇権」の世紀です。

ＧＡＦＡの敵はＧＡＦＡ

グーグルの検索エンジンは世界最大で毎日20億人もの人々が利用しているといいます。われわれは便利なツールとして使っているつもりですが、グーグルから見れば、ユーザーは率先して自分のしたいことと、しようとしていることを教えてくれているのです。グーグルは即座に解析し、ユーザーにとって最適な広告をブラウザーに表示します。しかしそうしたターゲティング広告をグーグルから奪っているのがアマゾンです。アマゾンはグーグルの最大の顧客でありながら、検索シェアを奪っているのです。

アマゾンを利用したことがあればよくわかると思いますが、何か商品を探す場合、グーグルよりもアマゾン内で検索することが多いのではないでしょうか。たとえアマゾンを知らなくてもグーグルやヤフーのトップページでキーワードを入力すると、検索ページ上位に表示されるのがアマゾンだからです。これはアマゾンがグーグルの検索エンジンを分析し、強烈なSEO（検索エンジン最適化）対策を行なっていることを意味します。

グーグルとアマゾンではクラウドコンピューティングでもシェアを奪い合っています。アマゾンといえばeコマース（電子取引）での小売業というイメージがありますが、じつは同社営業利益の7割がクラウド「アマゾンウェブサービス（AWS）」によるもので、クラウドにおける世界シェアは3割も占めています。

この両社はまた、AIスピーカーをめぐり熾烈《しれつ》な争いをしていることは有名です。

AIスピーカーとは「スマートスピーカー」とも呼ばれ、搭載されているAIによって、人の言葉を理解し、話しかければエアコンを操作でき、天気予報までも教えてくれます。家全体がネットにつながる「スマートハウス」の中心として期待されている商品です。

先行したのはアマゾンのＡＩスピーカー――ＡＩ音声アシスタント「アレクサ」を搭載した「アマゾンエコー」で、２０１４年に発売されて以降、16年には年間出荷台数が８００万台以上、同年のクリスマス商戦では品切れになるほどのヒット商品になりました。

一方、グーグルは「グーグルホーム」を16年11月に発売しアマゾンを急追しています。17年はアマゾンエコーシリーズが圧倒的シェアを占めていましたが、18年になるとにわかにグーグルホームの売り上げが急伸し、シェアを逆転しています。

アップルもブランド力を武器に「アップルパッド」を発売していますが、３５０ドルと高価なため売り上げは伸びていないようです。

ちなみに日本でも17年10月にグーグルホームとその小型版ミニが、11月にアマゾンエコーとそのミニが相次いで発売されています。17年の日本での普及率はまだ８％程度ですが、興味深いのはＡＩスピーカーを購入した人の、家庭内でのスマホ使用頻度が減ったという報告です（「ITmediaビジネス」）。

頻度が下がった分野は（１）音楽などのエンターテインメント、（２）ショッピング、（３）Ｗｅｂ検索の３領域です。だとすればスマホ市場に取って替わる可能性があるわけです。

確かに文字を入力するよりも、話しかけただけで済むほうが簡単です。利用者の気持ちを先回りして買い物を提案したりと、高い可能性を秘めていることは間違いありません。アマゾンはＡＩスピーカーを浸透させることにより、ＥＣサイトで購入する際のワンクリックの手間さえ省こうとしているといいます。そのほうがユーザーは購買しやすくなり売り上げが上がるからです。実際アマゾンは多くの商品において、クリックではなく音声で注文した場合の価格を安く設定しています（『the four GAFA 四騎士が創り変えた世界』東洋経済）。

全米公共ラジオＮＰＲの調査では、米国のＡＩスピーカー利用者の65％が「これがない生活にはもう戻りたくない」と答えたといいます。確かに利便性が高まる半面、ユーザーの愚民化がますます加速する可能性があるのです。そうなれば、プラットフォーマーの市場支配をますます強めることになるでしょう。

たとえばグーグルホームはいまのところ、「ＯＫグーグル」などと話しかけないと作動しませんが、技術的には何もしなくてもデータを集められるようになるといいます。ただしプライベートな会話が誤作動で知人に送られたトラブルもあったり、監視されているような薄気味悪さがあったりと、問題も少なくありません。

逆にいうと、中国製の監視カメラが米国で安全保障の観点からスパイ機器として警戒されたように、音声データを収集するＡＩスピーカーが、米国の「国防権限法（議会が国防総省に対して予算の権限と軍事計画などの具体的方針を命じるもの）」の対象にならないとも限りません。動画か音声かの違いでしかないからです。

また、グーグルに対してはフェイスブックも挑んでいます。全世界の利用者が月間20億人以上もいるフェイスブックはモバイルを中心に、デジタル広告市場を寡占するグーグルから広告を奪っているのです。

この領域に既存の広告会社の入る余地は残されていません。

一方、グーグルもＯＳというソフトからモバイルというスマホ市場でアップルに殴り込みをかけています。

データ覇権に国をあげて驀進する中国

企業単位ではなく、データ覇権にむけて国家をあげて驀進《ばくしん》するのが中国です。

すでに中国では、スマートフォンを利用したアリババ系のアリペイや、テンセント系ウイチャットペイの電子決済システムが14億の国民の7割にまで浸透しているといいます。ざっと10億人弱です。2つの電子決済システムを通して、共産党は10億人もの人々がもたらすビッグデータを一手に握っているわけです。

このシステムを利用するには、ユーザーは現預金、現預金以外の資産、交通違反から始まる懲罰歴、交友関係など個人データを全部登録しなければなりません。そして、それらをもとにしてAIが点数をつけ、ランクづけをします。点数が高ければ信用力があるとして、シェア自転車の保証金がタダになったり、海外旅行でWi-Fiルーターが無料で借りられるといった特典がつくわけです。あるいは、無担保でお金を借りることができたりします。点数を上げるためにユーザーが何をすればいいのかの指示もアプリからくるのです。まるでゲーム感覚です。

いうまでもなく、これは共産党にとって強烈な「監視・支配のツール」になります。人々のすべての行動や言動はスマホを通して当局に把握されるわけです。

たとえば、ネット上に共産党幹部の悪口を書くと、途端に買い物ができなくなります。中国では偽札が多い現金よりも信用がある電子決済が急速に広まっているからです。すでに中国では田舎に行っても現金は使えないと聞きます。タクシーで現金を払おうものなら、途端にいやな顔をされるといいます。

カード払いや電子マネーによるキャッシュレス決済が2割弱にとどまる日本（２０１５年時点）とは対照的でしょう（経産省の調査）。笑い話のようですが、中国では物乞いの人たちでさえキャッシュレスが進んでいるといいます。彼らは路上に座って前に空缶を置いているのではなく、首からＱＲコードを下げているのです。

したがって、電子決済のアプリを止められたら生活が成り立たなくなります。電車には乗れないし、買い物もできません。

17年時点で人々の行動を全土１億７０００万台の監視カメラが追っているのです。しかも、顔認証システムは97・５％の一致率と精度が高いから恐ろしい話です。これを今後3年間で4億台増やす計画だといいます。むろん、外国人旅行者もその監視網から逃れることはできません。

中国は同時に声紋や血液による管理も進めているのです。

外資にソースコードの提供を要求する中国

中国のクレジットであるユニオンペイは、じつはクレジットカードではなくデビットカードの一種です。そのため、銀行口座に預金が入っていないと利用できません。これは日本と違い、クレジットカード会社や銀行も個人を信用していないからで、信用というものの基本的な考え方が違うからです。ＡＴＭから偽札が出てくるのが中国です。そのため、電子決済の仕組みが発達したともいえるのです。

そしてこれは国民の行動監視にも利用され、資金の流れを国家が管理することによって、いわゆる「虎狩」と呼ばれる汚職の摘発も行なわれているのです。

また共産党政権は、中国が世界の新車販売の3割を占める巨大市場であることを武器に、通信技術、クルマでいえば電気自動車や自動車のソースコード（コンピュータ・プログラムをつくり上げるために記述した1行1行の命令）をビジネスの対価として開示するように、海外企業に迫っています。

参考までに、ソースコードの情報量がどれくらいかというと、グーグルのブラウザーソフト「グーグル・クローム」で１８００万行、フェイスブックが６２００万行、高級自動車が1億行です。ちなみに地域限定で完全自動走行ができる「レベル４」の自動運転車になると、3億行にまで達するといいます。企業にとって財産であることはいうまでもありませんが、このような膨大な「データ」提供を中国は要求するのです。

そうしたソースコードを開示せよという一方で、中国は「インターネット安全法」、すなわち安全保障を盾に、中国国内で得た自動運転などに関するデータの国外持ち出しを禁じています。したがって、中国企業は日本で得たデータを本国に持ち帰ることができるのに、日本企業はそれができない。つまり、同法は著しく非対称でアンフェアな法律なのです。

中国のこうした略奪型のルール無視は、技術移転の強要や資本を奪われてきた経緯を思い浮かべればわかると思います。中国は同じことをし続けているのです。

スパイチップが埋め込まれる中国で製造するリスク

しかも中国国内で製造するリスクとしては、中国製スパイチップ報道のような事件が起こりうるからです。

これは「ブルームバーグ・ビジネスウィーク」が「The Big Hack」という記事で報告したものですが、2015年にアップルとアマゾンが中国のスパイの標的となり、製造過程で両社のデータセンター機器に監視用マイクロチップが埋め込まれたという事件です。

マイクロチップは米粒ほどのサイズで、マザーボード上の部品のような見かけをしていたため、気づかれにくくなっていたといいます。マザーボードに仕込まれると、OSのユーザー権限やパスワードのチェックに関係なく、コントロール権を第三者に明け渡したり、暗号キーを外部から参照可能にすることができるそうです。

これはAWS（アマゾン・ウェブ・サービス）がCIA用の製品を構築する過程で発見されたのですが、アマゾンから依頼を受けたエレメンタルという会社が、スーパーマイクロ社に製造を請け負わせていました。衝撃的だったのは、そのエレメンタルのサーバーは国防省のデータセンターやCIAのドローンシステム、海軍の艦船間のネットワークにも使われていたため、被害が相当の規模になる可能性がありました。しかも、エレメンタルはスーパーマイクロの数百社の顧客の1社にすぎないため、被害がさらに拡大する恐れがあるのです。

この報道に対し、アマゾンとアップル、スーパーマイクロはハッキング攻撃を否定していますが、さもありなんです。

サプライチェーンとして中国を選択するリスクは、こういうところにあるわけです。

人命が軽い中国が有利となる自動運転の開発競争

中国は国内のデータだけでなく、世界のデータ覇権を握ろうと躍起になっています。「一帯一路」もそうです。じつは中国が狙《ねら》う一帯一路の最終形態というのは、アジア―中東―アフリカを結ぶ道路での全自動運転のシステム化、「21世紀のデジタル・シルクロード」です。中国のＥＶ（電気自動車）シフトは、これとセットになっているのです。

いま中国は60社以上ある国内のＥＶメーカーを20社程度にしぼると宣伝し、企業間の開発競争を促進させています。ＥＶ市場は、２０２５年には２０１７年の10倍となる７００万台まで拡大するとの見方もあります。

自動運転に利用する北斗《ベイドゥ》衛星測位システムの地理測定衛星は、現在21機打ち上がっていますが、これを２０２０年の東京オリンピックまでに35機体制にするといいます。米国の

GPS、ロシアのグローナス、EUの測定衛星でも、その数は17機から21機。ですから、世界1位になるわけです。そして地上補正局は2000局あり、空と地上での地理測定による精度は誤差10ミリ、つまり1センチ以内と言われています。この点、日本は残念ながら中国に後れをとっています。

自動運転で中国が有利なのは、自動運転車専用の高速道路をすぐつくれるからです。国土が限られた日本ではそのような高速道路は簡単につくれないため、自ずと自動運転車は人が運転する車と同じ道路を走ることになります。しかし、自動運転車のAIにとっては、人の運転する自動車が邪魔な存在である「ノイズ」（雑音の意味）になってしまいます。

たとえば、お年寄りが逆走してきたりすることを想定できず、事故が起きてしまいます。AIというのは非常に合理的な判断をして動いていくので、非合理的なもの＝人間が最大のノイズになりうるのです。

じつは日本でもAI専用の高速道路をつくろうという話は出ています。ところが、日本で実行しようとすると、人権運動家らが反対をする可能性があります。「運転する自由を奪うな」とか騒ぎ立てる人たちが必ず出てきます。そうなるとなかなか進まないわけです。

くわえて人工知能に対する倫理上の問題も論議されるでしょう。人工知能は、人間か？　といった宗教倫理上の問題だったり、さらに、人工知能に人類が支配され自由を制限されるに違いないといった恐怖感があります。

一方、ジョージ・オーウェルの『１９８４年』の世界のように、社会主義と人工知能は国民の監視・支配ということで非常に相性がいい。ビッグデータにしても民主主義国では個人情報の問題がからみ、簡単に済む話ではありません。「人権」といった点でも日本や欧米には足かせがあるのです。

ＡＩによる自動運転はただでさえ人命が軽い中国に、がぜん有利です。中国では自動運転により死者が出たとしても「仕方ないね」で済んでしまいます。しかし西側先進国ではそうはいきません。

実際米国でも２０１８年の3月に、ウーバー、テスラの自動運転車が立て続けに死亡事故を起こし、その後、日本や米国のメーカーは公道での実験を中断しています。

日米両国が足踏みしているのを尻目に、中国では権限を地方政府に付与し、多くの都市で自動運転車の規制緩和が大々的に行なわれているのです。

それればかりか「自動運転シティー」の実験もすでに開始しています。これは「都市」そのものを自動運転用につくる計画で、カメラやセンサーを取り付けた信号や道路標識などをとおして自動運転に必要な様々な情報を車に発信できるシステムです。

しかし、そうした公道実験は中国の国内メーカーにしか認められていません。

民主主義国を凌駕する中国の強み

おそらく海外企業は中国で自動運転車を販売したければ、百度《バイドゥ》のソフトを搭載しろという条件を出されることになるでしょう。

中国政府は、17年に百度を自動運転車の分野で国家プロジェクトのリーダーに認定しました。「中国のグーグル」と呼ばれる検索最大手の百度は、同年4月から自動運転技術を推進する計画である「アポロ計画」を発足させています。これは以前グーグルがスマホ向けOSであるアンドロイドを広めたときと同じ戦略です。

グーグルは自らスマホを発売するのではなく、ソフト開発に専念することによりシェアを伸ばしました。百度も自動運転車のソフト開発に特化することにより、プラットフォーマーになろうとしているのです。そのため「アポロ計画」では、企業同士が業界の垣根を超えて連携し、百度に運転データを提供しています。

百度はパートナー企業に対し無償でソフトを提供することにより、開発の速度を高めています。日本ではこうしたデータを共有しようにも保存形式がバラバラであるため難しいようですが、その点でも中国は先行しています。

いずれにせよ、百度のソフトを搭載した海外の自動運転車は軒並み、中国当局の占有化に身を委ねることになるのです。

このプログラムには、自動車会社ではＧＭやＢＭＷ、フォルクスワーゲン、ＩＴ企業ではインテルなどで、海外企業も参加しています。

いまのところ日本の企業は参加していませんが、このままでは一帯一路の道路を日本車は走れない可能性が出てきます。

以上のように国家と企業が表裏一体となっている強みが中国にはあります。選択と集中という独裁体制の強みがあるわけです。

民意の調整をはかり、合意を積み上げていかなければ物事が何ひとつ進まない民主主義は、まずスピードで独裁体制に勝てないのです。

もっとも自動運転車専用の高速道路を走るのは、高いリスクがあるのもまた事実です。基本的にこれまで開発されてきた自動運転車はＡＩと継続的なネット接続によって、自動運転が可能になります。しかし、これは非常に大きな脆弱性《ぜいじゃく》も持ち合わせているのです。

たとえば戦争をしなくても、自動接続のサーバーにハッキングを仕掛ければ、簡単に道路の交通遮断ができてしまうからです。そして、これは生命にとってもっとも大切な食品などの輸送までが止まることを意味するのです。

だからこそ米国はサイバーセキュリティ分野での中国との協力を拒絶し、中国人技術者の追い出しを始めているのです。道路というのはどこか1カ所でも停滞すると、すべてが動かなくなります。とくに中・長距離の基幹道路でこれが起きれば、国家全体に非常に大きく深刻なダメージを与える可能性が高いわけです。ある意味、サイバー攻撃というのは、現代の「核兵器」ともいえるのです。

それを理解しているからこそ、米国のボルトン補佐官は中国による米国へのサイバー攻撃の問題点を重要視しているのです。トランプ政権は中国がサイバー攻撃に出れば反撃すると警告しています。

貿易戦争のさなかにあっても中国拠点を拡大するＧＡＦＡ

世界でもっとも有名な投資家の１人であるジョージ・ソロス氏はＧＡＦＡと中国の関係を次のように警戒しています。

専制主義の国家と、大規模で豊富なデータを持つデジタル企業の同盟により、国家と企業による監視が結びつくことだ。ジョージ・オーウェルも想像できなかったような、全体主義的な管理社会が生まれる可能性がある。（中略）米デジタル企業は、中国のような巨大で急成長する市場で活動するため、妥協する誘惑にかられている。独裁的な指導者は国民を管理する手段を強化し、米国などでも影響力を拡大しようと喜んで協力するかもしれない。（3月16日付「日本経済新聞」）

げんに米中貿易戦争が激化するさなかにあっても、ＧＡＦＡが相次ぎ中国拠点の拡大に動いています。いうまでもなく、ＧＡＦＡが中国事業の拡大を急ぐのは、世界最大のインターネット巨大市場を狙ってのことでしょう。

一方の中国からしても、先端技術を取り込むとともに、トランプ政権とこれらの企業を分断する狙いも透けて見えます。たとえば、グーグルは中国向け検索サービスの立ち上げを検討していることが報じられました（米ニュースサイトの「ジ・インターセプト」）。しかも、中国の検閲を受け入れるといいます。

グーグルは2010年に中国当局が求める自主検閲を中止し、同社の検索サービスが同国で利用できなくなった経緯があります。確かに当時は突っぱねました。そのグーグルが中国市場に翻訳などのモバイルアプリを提供し、18年初めには、北京にAIの研究拠点を構えるようになりました。6月には中国ネット通販大手、京東集団への出資を発表しています。

一方、フェイスブックも、交流サイト（SNS）はまだ利用できませんが、7月に香港法人を通じて全額出資の子会社を中国に設立しています。浙江《せっこう》省杭州市に技術開発の拠点を設け、やはりAIなどの技術を開発するようです。ここはアリババ集団が本拠地を置いている場所で、AI関連の人材が集まる都市です。ちなみに同市には、中国艦視社会の強力ツール監視カメラの世界シェアトップである杭州海康威視数字技術の本社があります。

同社のシェアは32％ですが、国家の肝いり企業なだけに今後、どんどんシェアを伸ばしていくはずです。

ＧＡＦＡのほかにも、電気自動車（ＥＶ）メーカーのテスラが上海市に全額出資の子会社を設立しています。マイクロソフトの創業者のビル・ゲイツ氏も中国国有企業と組み、次世代原子炉の建設を進めています。

まったく抜け目がないといえばそうですが、こうした海外企業は間接的に中国の監視体制、人権抑圧の片棒を担いでいることは、もっと批判されてもいいでしょう。

ここに巨大企業の本性が垣間見えるのです。

企業の本性も帝国主義

私は拙著『金融で読み解く次の世界』（徳間書店）で、「国際金融資本」や「グローバル金融機関」はもともと「植民地会社（コロニーカンパニー）」であり、「西欧の先進国は、農業プランテーションによって新興国の労働力を低賃金で搾取し、コーヒーや茶、サトウキビ、ゴムなどの輸出を目的とした作物を生産させ、それを母国に持ち帰るというかたちで、自らの労働力を使わずに経済をつくりあげていった」と書きました。

要するに東インド会社に始まる企業の本質は、国家から「帝国主義」を委託されたものであるということです。

そもそもイギリスにおける海外投資の始まりは海賊による略奪でした。つまり当初から株式会社には略奪という帝国主義的な本性があったということです。

そうした「植民地会社」と一体となってグローバル経済を推進していたのが、物流と金融をになった「郵便会社」です。郵便には「国際郵便約款」という取り決めがあるのをみてもわかるとおり、ワンルール志向が強く、世界から国境を取り除こうとするワンワールド化＝グローバリズムを推し進める志向が強いのです。

つまり「東インド会社」は、航海により巨大な経済圏をつくり、ヒト・モノ・カネの流れを支配したのです。いわゆるグローバル企業は、その起源から同じことをしていたわけです。

結局、ＧＡＦＡのようなプラットフォーマーと呼ばれる巨大ＩＴ企業の本性も「帝国主義」に違いはありません。市場を独占するワンワールド化が目的なのでしょう。繰り返しますが、かれらはデータという「資源」を独占するために、情報のインフラであるプラットフォームを「無料」で急拡大してきたのです。

グローバル企業興亡の歴史

ところで、ひと口にグローバル企業と言っても、興亡の歴史があります。

現に最初のグローバル企業であった英国の東インド会社も19世紀に衰退します。航海に代わり電信・電話が普及したからです。電信・電話をになったのは米国企業であるベル電話会社（現ＡＴ＆Ｔ）やエジソン・ゼネラル・エレクトリック（現ゼネラル・エレクトリック）などで、同時に覇権も英国から米国に移行しました。先に郵便は物流と金融をになうと記しましたが、いうまでもなくそれは「情報」による支配を意味しました。情報は時間と距離を縮める速度が重要で、電信・通信が航海に取って代わった。現代でいうところの「情報革命」をもたらしたのです。

２０１８年の世界上場企業の時価総額ランキング上位（7月20日時点）の顔ぶれをみれば（15ページ参照）、石油メジャーや自動車産業、金融機関の後退とＧＡＦＡの台頭がよくわかるでしょう。

1位アップル（時価総額9409・5億ドル）、2位アマゾン（8800・6億ドル）、3位アルファベット（グーグルの親会社、8336・6ド億ル）、4位マイクロソフト（8158・4億ドル）、5位フェイスブック（6092・5億ドル）とGAFAを含め、上位5社はすべてIT企業が占めています。

一方、銀行のJPモルガン・チェースは9位（3740・4億ドル）、石油メジャーのエクソン・モービルは10位（3446・5億ドル）にとどまり、自動車最大手のトヨタは35位（1939・8億ドル）です。

かつて「セブン・シスターズ」と呼ばれた石油メジャー7社のうちいまも残るエクソン・モービル、ロイヤル・ダッチ・シェル、BP、シェブロンの石油メジャー4社の時価総額の合計が、GAFAに逆転されたのは2012年で、以来その差は急激に広がる一方です。GAFA4社の合計時価総額は3兆ドルを超える半面、石油メジャー4社は合計1兆ドルにも満たないのです。

「石油の世紀」と呼ばれた20世紀と隔世の感を覚えるのは私だけでないでしょう。

石油メジャーとは「国際石油資本」とも呼ばれ、世界をまたにかける欧米の「石油系巨大企業複合体」の総称です。石油の探査・採掘・生産等の上流部門から、輸送・精製・販売等の下流部門に至るまで、石油産業全般をにないます。

20世紀は「工業化」の時代であり、石油メジャーによる石油の大量供給は自動車産業の発展をうながしました。また、石油はドルに基軸通貨という特権的地位を与える役割を果たしました。

中東諸国を中心とした石油輸出国機構（ＯＰＥＣ）は、世界の石油生産シェアの4割強を占めます。この理由はサウジアラビアをはじめとした産油国は、石油の決済通貨にドルを使用していることが大きい。湾岸戦争やアフガニスタン紛争、イラク戦争など、米国がしばしば中東に関与するのは、ドルの貨幣価値が石油によって支えられているところが大だからです。イラクのフセイン政権がつぶされたのは、石油の決済通貨をドルからユーロとの併用に替えようとしたからだと言われているのはそのためです。

巨大独占企業は国家に解体される

グローバリズムを推進しその暴利を貪《むさぼ》った石油メジャーや、「国際金融資本」など大きくなりすぎた巨大企業をつぶすのは、国家です。

もともとエクソン、モービル、シェブロンは、石油王のジョン・ロックフェラーが創業したスタンダード・オイルが母体となっていましたが、1911年に巨大すぎるがゆえにシャーマン法（独占禁止法）により、34社に分割させられた歴史から始まります。

第2次世界大戦後から1970年代までは「セブン・シスターズ」と称された石油メジャー7社が石油生産をほぼ独占し全盛を誇っていましたが、これに歯止めをかけたのがOPECの資源ナショナリズムでした。

産油国は次々に油田の国有化を進め、石油メジャーの利権を奪っていきます。まず1972年に、アルジェリアがフランス資本であった油田を国有化し、リビアもBPが所有していた油田を国有化しました。1976年には、サウジアラビア政府はエクソン、モービル、テキサコ、シェブロンの4社が保有していたアラムコ（サウジアラビアで石油採掘を一手に握っていた石油会社）の全株式を譲渡されています。

中東・アラブ諸国は「弱国」のように報道されますが、その認識は間違いです。欧米各国やイスラエルに劣らず、したたかで、一筋縄ではいきません。

近年では、中国の国営石油会社や、ガスプロム（ロシア）、前述のサウジアラムコ（サウジアラビア）、ペトロナス（マレーシア）、ペトロブラス（ブラジル）、イラン国営石油（N

ＩＯＣ）、ベネズエラ国営石油（ＰＤＶＳＡ）など、非欧米系の国営石油会社が無視できないほど影響力を高めています。

これもグローバリズムの後退による国家の逆襲とみていいでしょう。

国際金融資本である巨大銀行も国家により分割されました。１９２９年のウォール街の大暴落に端を発する世界恐慌がきっかけとなり、33年に銀行法の「グラス・スティーガル法」が制定され、それまで許されていた銀行業と証券業の兼業が禁じられます。

この銀証分離は日本でも48年に証券取引法により実施されます。さらに日米両国では銀行業と保険業の分離も行なわれ、商業銀行、証券会社、保険会社にそれぞれ分割していきました。

１９９９年のクリントン政権により「グラム・リーチ・ブライリー法」が制定され、分離されていた3業がふたたび統合し肥大化しました。しかし、サブプライム問題、リーマンショックが起きたため、銀行の自己勘定取引などを禁止する「ボルカールール」を制定し、トランプ大統領もグラス・スティーガル法の復活を唱えています。

いずれにせよ、「大きすぎてつぶせない」銀行の存在を許さない、というのが世界の潮流になっていることは間違いありません。ちなみにドイツ銀行をはじめとしてヨーロッパの金融危機がたびたび懸念されるのは、銀証分離がなされていないため銀行・保険・証券のどこか1つでもおかしくなると、すべての分野に波及しやすい構造だからです。

トランプ対GAFA

もちろん、先述のIT企業と中国との結びつきに、米議会も黙ってはいません。

グーグルが中国での検索サービス再開を目指していると報じられた18年8月1日には、共和党幹部のマルコ・ルビオ議員が「不穏な動きだ。グーグルは米国防総省を助けず、真実を抑圧する中国に力を貸すのか？」とツイッターに投稿しています。

トランプ大統領はアマゾンやグーグルなど企業のあり方自体を批判しています。「数千の小売業を廃業に追いやっている」と非難しています。実際、米国流通大手で一時は「オモチャの帝王」と言われたトイザらスや百貨店のシアーズも破産に追い込まれました。

そして、「グーグルやフェイスブック、ツイッターは保守派や共和党員を非常に不公平に扱っている」、「この国の非常に多くの人々を黙らせようとしており、大変深刻な問題で、人々は沈黙を強いられることを望んでいない」、「適法でない可能性があるが、どうなるかを見極めよう。われわれは公正さを望んでいるだけだ」とトランプ大統領は批判しています。

また、「ブルームバーグ」（２０１８年9月22日）によると、トランプ大統領は、連邦反トラスト当局と法執行当局に対し、フェイスブックなどのソーシャルメディア企業やグーグルへの調査を命じる大統領令の草案を起草したようです。

これによると、「反トラスト法に違反する行為を行なったオンラインプラットフォームがないか徹底的に調査する」よう命じているとのことです。また他の当局に対し、大統領令署名後1カ月以内に、オンラインプラットフォーム間の競争を保護し、オンラインプラットフォームの偏向に対処しうる行動を勧告するよう指示を出したとのことです。

ＧＡＦＡに歯止めをかける国家

トランプ大統領や米議会だけではなく、大きくなりすぎたＧＡＦＡに対する世界的な警戒は高まっています。

ＥＵは18年5月に施行した「一般データ保護規則（ＧＤＰＲ）」によって、ＧＡＦＡに規制を掛けようとしています。ＥＵ域外へのデータ持ち出しを原則禁止とすることや、基本的人権の観点から個人データ保護の体制整備を企業に求めることなどが柱です。

また、17年には欧州委員会が「検索市場での支配的地位を乱用した」としてグーグルに24億２０００万ユーロ（約３１００億円）と過去最高の制裁金を命じました。自社サイトを検索画面の上位に表示されるように優遇したことが、ＥＵの独占禁止法違反にあたるという判断によります。こうした新ルールの効果はてきめんで、欧州での１日当たりのグーグルの利用者数は規制前後の３カ月で約３００万人減ったといいます。

16年8月にも、ＥＵ欧州委員会はアイルランドがアップルに違法な税の優遇措置を与えていたとして１３０億ユーロの追徴課税を行なうよう命じ、同年10月にはルクセンブルクに対し、アマゾンへ２億５０００万ユーロの追徴課税を行なうように命じています。

くわえて「情報不正流用」が起きると、ＧＡＦＡ４社の時価総額は30兆円あまりが吹き飛んだと報じられています。

これはフェイスブックアプリが収集した約５０００万人分のユーザーデータが２０１５年に不正に流出し、２０１６年の米大統領選でトランプ陣営のために働いていたデータ解析企業のケンブリッジ・アナリティカによって、トランプ大統領誕生のために使われていたとするものです。

米国でも規制論が浮上し、国内のデータセンターの一部をアイルランドに移し、ＥＵ市民のデータを米国は持たないようにしています。ＥＵと米国の間では情報分離がかなり進んできました。

日本の公正取引委員会も独占禁止法の運用強化で臨むようですが、情報分離をするにはデータセンターを再構築する必要があります。日本のデータセンターは中国だったり韓国だったり、あちこちにあるため把握できていないからです。再構築に際して電気代などのコストが安いということで、米国のアラスカに移すという案も出ています。もしそうなれば、米国との貿易交渉にも使えるでしょう。

実際、北海道地震の際には自家発電で何とかしのいだものの、さくらインターネットの専用サーバの一部が一時使用できなくなるというリスクが露見しました。そういう観点からもアラスカに移すというのは、確かに一考の余地があるかと思います。

なぜ世界の国民は怒っているのか

近年、ＧＡＦＡのようなグローバル企業に対し、これからは国家の締め付けや国民の批判の声が高まったのは、タックスヘイブン（租税回避）による不正が暴露されたからです。

２０１６年4月に発覚した「パナマ文書」には、グローバリズムを主導してきた大手の投資銀行や銀行、一部の投資家たちの名前がリストアップされていました。グローバリズムという仕組みが、一握りの人たちだけにしか、恩恵を与えない搾取構造であったことが明らかにされたわけです。

くわえてＧＡＦＡなど巨大ＩＴ企業やグローバリストと呼ばれる人たちの多くはフリーライダー（＝タダ乗り屋）にすぎず、各国に税金を払わず、恩恵だけを受けています。これに対して、世界は怒り、国家の国境をふたたび高くしようとする勢力が世界の政治を動かし始めているのです。

たとえば日本でも、アマゾンの影響により書店や量販店などの小売店がつぶれていきます。大店法（大規模小売店舗法）の改正により地方へ進出したショッピングセンターは、

ショッピングセンターのテナント数は減少傾向

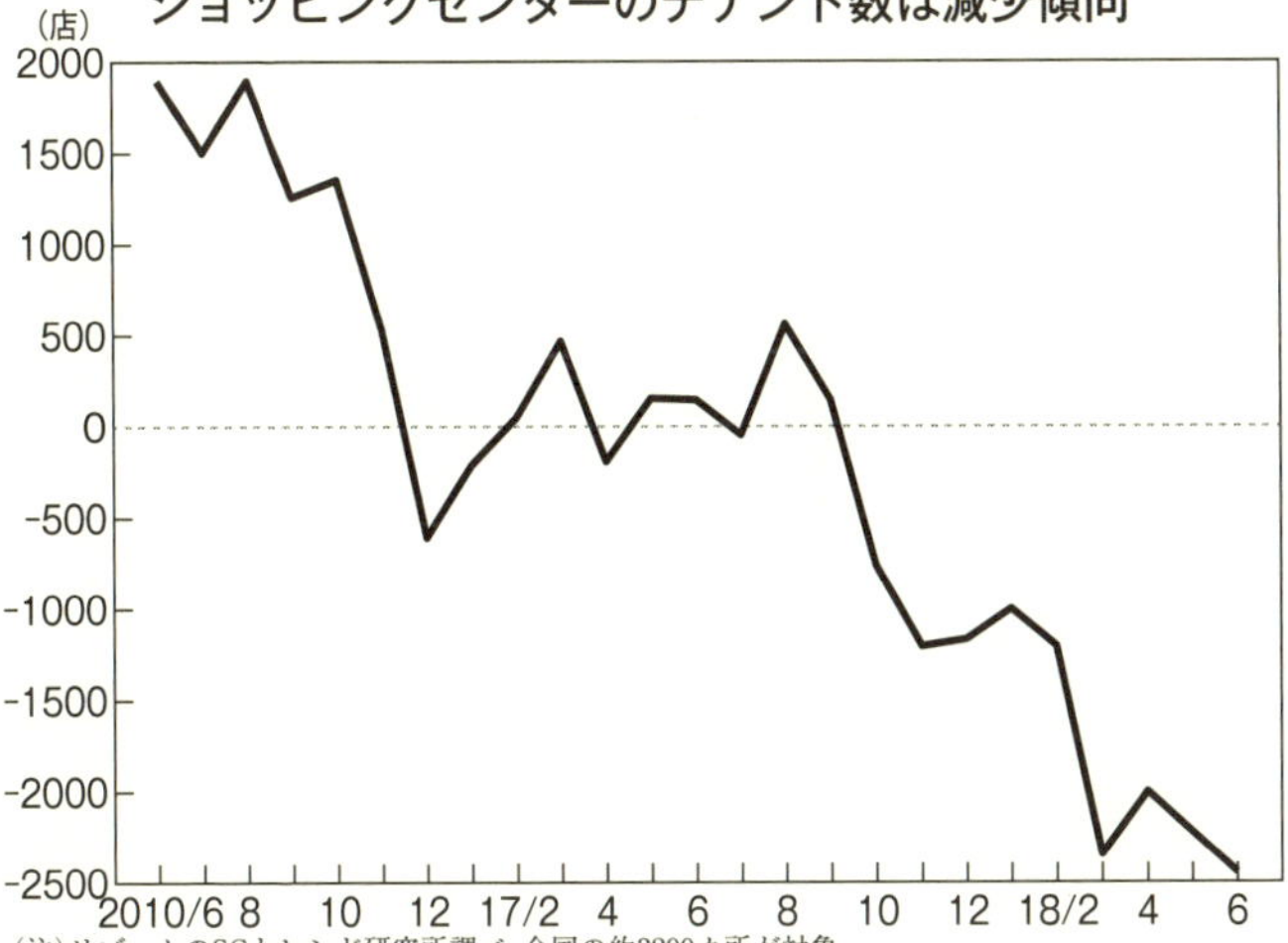

（注）リゾームのSCトレンド研究所調べ。全国の約3200カ所が対象

田舎の商店街をシャッター街に一変させましたが、今度はそのショッピングセンターをアマゾンがつぶしているのです。問題なのは、アマゾンが税金を日本に納めないばかりでなく、つぶした店舗の雇用の受け皿にもならないことです。

しかし、こうしたグローバル企業に対する国民の怒りは、まだ日本ではさほどでもありませんが、世界中で爆発しているのです。

米国のトレンドが親中から反中に激変するなかで、中国に進出するＧＡＦＡをはじめとしたグローバル企業へのトランプ政権の締め付けも強まり、厳しい選択を迫られるでしょう。

じっさい通信機器、半導体のクアルコムや

世界最大のコンピュータネットワーク機器開発会社のシスコ・システムズのような前例もあります。クアルコムは米中両国でナショナリズムを刺激してバッシングを買ってしまい、シスコ・システムズは中国のスマートシティの要になるルーターやスイッチを追加関税の対象から外してもらおうとロビー活動を展開しましたが、押さえつけられています。

グーグルの親会社であるアルファベットのラリー・ペイジCEOは、米国の技術プラットフォームにロシアが干渉している件で、連邦議会上院から証言を求められたにもかかわらず、拒否しました。しかし、これ以上中国との関係が悪化すれば、こういった自由はなくなるでしょう。

グローバル企業はインターナショナル企業へ

しかし、米政界をもっとも激高させたのは、フェイスブックの創設者兼CEOのマーク・ザッカーバーグでしょう。フェイスブック（FB）がファーウェイと利用者情報を共有していた事実をいままで隠していたことが明るみにでたからです（「ロイター」6月6日付）。

ザッカーバーグはＧＡＦＡの経営者のなかでもっとも親中派で、夫人が中国系ということもあってか、習近平国家主席はじめ共産党の大物たちとも近しい関係にあるとされています。

これでフェイスブックとザッカーバーグＣＥＯの立場はかなり危うくなったと思われます。米国政府が国内はもとより同盟国からもファーウェイを完全に排除しようと動いていたことをザッカーバーグが知らなかったとは到底考えられません。

あげくの果てに、7月18日に中国の杭州市に設立したばかりの子会社が中国インターネット管理当局から登記の取り消し処分を言い渡されたのです。

繰り返しますが、企業の自由は制限されるようになるのです。今後、国家はＧＡＦＡに対しても中国制裁に協力するよう要請する可能性があります。

仮にアップルやマイクロソフトが中国制裁に加わると、面白いことが起きます。

コンピュータの仕組みといっていいソフトウェアであるＯＳの提供を拒めば中国でスマホの機能が使えなくなります。アップルはアプリケーションストアで国別にシステムの管理をしているので、中国国内のiPhoneも使えなくなります。WindowsのＯＳもアプリストアで管理しており、さらに自動アップデートもできるのです。そうなれば、スマホがただの文鎮になり、ＡＩによる自動運転車が巨大な鉄クズになるわけです。

トランプ政権は米国企業に対し段階的に中国を切り離すように圧力をかけていくのでしょう。

グローバリズムが、中国をはじめとした新興国、グローバル企業に恩恵を与えたことはまえに述べましたが、グローバリズムが後退した以上は、ＧＡＦＡもこれまでのような急拡大は望むべくもなく、「インターナショナル企業」となっていくのだと私はみています。

第2章

米中貿易戦争は全面戦争へ

ペンス副大統領演説にみる米国の覚悟

米中貿易戦争は金融戦争を経て全面戦争に突入し、南シナ海でもあわや一触即発の事態にまで急激に進んでいます。

米国の覚悟は2018年10月4日のペンス副大統領による演説（米シンクタンク、ハドソン研究所にて）によく表れています。経済分野だけでなく安全保障分野も含め「全面対決」することを公式の対中国政策とする立場を明確にしたのです。

この演説を米国のメディアなどは「レッドカーテン」演説と呼んでいます。レッドカーテンとは、東西冷戦時代の東側社会の閉鎖性を批判した「鉄のカーテン」にちなんだものです。日本では、これを「反共のカベ」とも呼んでいました。

またこの演説は中国に対する「宣戦布告」と報じられていますが、正しい理解でしょう。

演説の要旨を並べます。

・中国の「一帯一路」政策はアジアやアフリカ、欧州、南米の国々を「債務の罠《わな》」に陥れていると批判。米国は11月にアジア歴訪で中国に対抗した新たな融資政策を打ち出す方針を表明。
・中国が11月の中間選挙で共和党を勝たせないように画策するなど、米国の内政干渉に「これまでになく力を入れている」批難。
・東シナ海や南シナ海で進出姿勢を強める中国を強く非難。とくに、東シナ海の尖閣諸島は「日本の施政権下にある」と強調し、南シナ海でも「航行の自由」作戦を積極的に実施していくことを表明。インド・太平洋地域でのプレゼンス強化や日本などとの「同盟重視」の立場を鮮明にした。

これまでの歴代米政権の対中政策は「間違っていた」と切り捨て、トランプ政権として中国に「まったく新しいアプローチ」をとっていくと強調しました。

これは「チャイナパージ」の始まりであり、「国防権限法」と併せてペンス氏の演説は「宣戦布告」を意味するものでしょう。

そこで本章では貿易戦争から始まり、金融戦争を含み、全面戦争にまで拡大した米中激突の流れを押さえたいと思います。

拡大する貿易戦争

トランプ大統領は中国に対して、18年3月に米国が輸入する鉄鋼に25％、アルミに10％の関税を課しました。これを皮きりに、4月には米国企業による中興通訊（ZTE）の製品販売を7年間禁止すると発表し、そして米国国防総省はファーウェイとZTEの携帯電話を、世界各地の米軍基地内で販売することを禁止しました。

6月には知的財産権侵害の制裁として、中国からの輸入品500億ドルに25％の追加関税を課す方針を決定し、7月には航空産業、産業用ロボット、半導体など、「中国製造2025」を狙ったハイテク分野の製品を含む828品目、総額340億ドル規模の中国製品に関税を課す、第2弾を発動しています。

米国は食料品や家電など中国製品2000億ドルに対する関税第3弾を9月24日に発動し、税率に関しては年内10％、19年から25％としました。これで、米国は産業機械などに25％上乗せした第1弾の340億ドル、半導体など25％上乗せの第2弾の160億ドルと

ハイテク分野で攻勢をかける中国

米　国　首位品目数24		中　国　首位品目数9
❷アップル(14.7)↗	スマートフォン	❸華為技術(10.4)↗ ❹オッポ(7.6)↗ ❺小米(6.3)↗
	携帯通信インフラ(基地局)	❶華為技術(27.9)↗ ❹中興通訊(13.0)↗
❶HP(22.7)↗ ❸デル(16.1)↗ ❹アップル(7.3)↗	パソコン	❷レノボ・グループ(21.1)↘
❶アップル(26.8)↗	タブレット端末	❹華為技術(7.7)↗ ❺レノボ・グループ(6.3)→
❶シスコシステムズ(61.3)↘	ルーター	❷華為技術(15.0)↗ ❸New H3C(4.2)↗ ❹中興通訊(4.2)↗
❶アマゾン・ドット・コム(10.5)↗ ❷～❺も米国企業	クラウドサービス	
❶シマンテック(11.0)↘ ❷❸❺も米国企業	セキュリティー対策ソフト	
(注)丸数字は順位、カッコ内は2017年の世界シェア、%	監視カメラ	❶ハイクビジョン(31.3)↗ ❷ダーファ・テクノロジー(11.8)↗

出所：日本経済新聞 18年7月10日付

合わせ、対中輸入額約５０００億ドルの５割に追加関税を掛けたことになります。

　また、中国が報復した場合、トランプ大統領は即座にさらなる追加関税を検討すると牽制《けんせい》していましたが、中国がまんまと６００億ドルの報復関税を発表したので、すかさず中国の対米輸出の全額に該当する２６７０億ドルに関しても関税を掛ける第４弾を発表しました。中国の報復関税６００億ドルは、当初予告していた税率よりも低いもので、これは関税対象が食品など生活必需物資が中心であり、国内のインフレを招く可能性が高いからだと思われます。

これで中国側の関税は米輸入品の7割に達し、逆にいうと、中国側には切るカードがほとんどなくなりました。残りの3割は、航空機など中国が米国から輸入せざるをえないものばかりだからです。

当初、10月に予定されていた米中の貿易交渉を中国側がキャンセルしたため、19年に米国の対中課税率が25％に上がるのを阻止するチャンスも自らつぶしたのです。

そうしたなかで、アリババグループのジャック・マー氏は、「2年前にトランプ大統領との会談で約束した米国で5年間で100万人の雇用を創出することはもはや目指していない」と表明しました。

そして米中貿易摩擦が今後20年続く可能性があるとし、すべての関係国に「混乱」をもたらすとの認識を示したうえで、中国企業は関税を回避するため、中期的に生産拠点を他国に移転させる可能性があるとも発言したといいます。

これはすでに報復関税では限界が見えた中国政府が、今度は中国企業を使って米国に揺さぶりをかけているのでしょう。

制裁は中小企業にも及ぶ

米中貿易戦争による米国の関税は「中国製造2025」を中心とする中国の大企業や政府が支援する企業が主なターゲットですが、政府の支援が及ばない中小零細企業を直撃する可能性のある制裁も検討しています。

トランプ大統領は9月に、中国に対して実施している国際郵便の割引を撤廃するよう、米国郵便公社（USPS）に指示する備忘録に署名しました。

現在、国際郵便は国際郵便約款や万国郵便条約という非常に古い国際ルールにより、各国の郵便局は相手国までの輸送代金を負担するだけで、海外に送ることができます。自国内の輸送に関しては、各自の国の郵便局が代金を負担するのです。

たとえば上海からニューヨークまで輸送する場合、上海から米国の港までは中国郵便の負担、米国の港からニューヨークまでは米国の郵便局の負担になっています。これは相互主義原則に基づくものですが、トランプ大統領はこれを不公正な取引であるとし、米国内の郵便代金を中国に請求できるよう要請しているわけです。

これが実現した場合、中国の海外ｅコマースを利用した通販事業は、壊滅的なダメージを受けることになるでしょう。日本でも中国通販事業者が携帯電話のケースやパーツなどをアマゾンなどを窓口にして、この場合、送料無料か数百円程度ですが販売しています。この送料が数千円に跳ね上がることになる。そうなれば、価格競争力を失い、買い手はいなくなるでしょう。

そして、これは中国の繊維縫製など軽工業や金属プラスチック加工の中小零細企業にも、致命的なダメージを与える可能性が高いのです。同時に、中国企業が運営するＥＣサイトも大きなダメージを受けるでしょう。

広範囲にわたる貿易戦争の打撃

中国はすでに、貿易戦争の影響が広範囲にわたって出始めています。

まず、米国が狙い撃ちにしている「中国製造２０２５」にかかわるハイテク分野に影響が出ています。「中国製造２０２５」とは、２０１５年に発表された製造業のロードマップで、世界の「製造強国」入りを目標としてきました。

とくに中国は、半導体を製造するために必要な半導体製造装置をつくる技術を持っていないため、最重要課題としていました。この分野は半導体産業の15％を占めていますが、その80％のシェアを日本と米国の企業が占めています。

中国は日米のメーカーから半導体製造装置を購入して半導体をつくらざるをえないため、国産化は悲願と言ってもいい事業でした。中国企業が米国のハイテク産業に食い込もうとしたのも、その一環です。

ところが、米国が１６０億ドル相当の中国製品に関税を課したことで、中国製半導体にも25％の税率が上乗せになり、半導体産業自体もダメージを受け、その競争力は、台湾製や韓国製に比べて低下しています。中国政府が２０２５年までに、国内半導体需要の少なくとも４割を国産半導体で満たすという野心に、早くも水をさされた格好になりました。

半導体といえば、今回の米中貿易戦争の前哨戦とも言うべき事件が本年４月に起きています。ＺＴＥ（中興通訊）事件です。

ＺＴＥは世界１６０ヵ国、地域に販売網を構築する大手スマホメーカーで、日本でも携帯大手３社はじめ、イオンモバイルや楽天モバイルなどにも端末を供給していることで知られています。そのＺＴＥが米国の標的になったのです。

理由は、米国が各国に要請していたイラン、北朝鮮への禁輸をZTEが破ったことでした。米国がZTEに課したペナルティは米国企業との取引停止で、実に7年という厳しいものでした。

数日後、ZTE経営陣は記者会見を行い、窮状を訴えました。

「米国企業との取引が再開されないと、わが社は生産停止に追い込まれる」

なぜ、いきなりこんなことになってしまったのでしょうか。米国企業から通信半導体の輸入がストップしたためでした。

これを受けて、香港、深圳市株式市場における株価は暴落、ZTEの社会的信用は失墜しました。

電子機器の心臓部分を司る半導体については、ずっと米国企業に頼ってきたことが原因なのですが、中国には中国なりの事情があったのです。

中国が自前で半導体を開発してこなかったのは、知的財産権が保護されていないため、せっかく莫大な費用をかけて開発、製造しても、すぐに中国の競合企業に盗まれ、コピーされてしまうからです。だから、肝心な部品を米国企業に頼らざるをえなかった。開いた口が塞がらないとはこのことです。

トランプ大統領が「もう中国の技術盗用を許さない」と宣言して始まったのが、今回の米中貿易戦争ですが、これが中国の製造業の実相なのだとつくづく感じた次第です。

その後ＺＴＥはどうなったのでしょうか。３ヵ月もの長期にわたり生産停止に追い込まれたあげく、ようやく7月末に米商務省に10億ドルの罰金を支払い、４億ドルの預託金を米系銀行に供託することで、制裁解除となったのです。

半面、漁夫の利をえたのは、韓国です。韓国サムスン電子は２０１８年7～9月期の連結営業利益が、前年同期比20％増の17兆５０００億ウォン（約1兆７５００億円）だったと発表しましたが、これは主力の半導体が好調だったからです。２四半期ぶりに過去最高を更新しています。今後、この影響がさらに拡大すると思われます。

また、中国の経済を引っ張ってきたアリババや、テンセントなどにも規制が強まっており、ゲームなどに関しても許可が凍結され始めています。

具体的には、スマホ決済用に利用客から預かっている前払い金の全額を人民銀行に預け入れすることになったのです。これまでアリババとテンセントは手持ちの滞留金を運用しており、両社とも１０００億円以上の金利収入を得ていたため、大損害となるのは必至でしょう。

またテンセントはすでに新作ゲームの配信停止処分を受けており、3月から新作をリリースしていません。おそらく同部門を管轄する中央宣伝部の意に沿わない内容だったため却下されたのでしょうが、公式には何も発表はされていません。

さらに、中国のロボット生産は7月に年率6・3％増と、5月の35・1％増から大幅に減速しています（8月23日付「ロイター」）。これも今後さらに悪化するでしょう。

また中国の民営企業で大豆輸入や化学事業などを手掛ける山東晨曦集団の破産手続きが始まり、輸入業者へも貿易戦争の影響が出ている模様です（7月27日付「日本経済新聞」）。

急成長してきた中国映画市場にもブレーキがかかっています。国慶節（建国記念日）を祝う1週間の興行収入でさえ、前年比21％と大幅にダウンしています。貿易戦争のあおりを受けて節約志向が強まっているからといいます。中国の映画料金は30元（約４９０円）と安いのでよほどのことでしょう。

初めから中国に勝ち目がなかった無謀な貿易戦争

「貿易戦争」といいながら、初めから中国には勝てるはずのない争いでした。米国に対する輸出が5000億ドルに対し、輸入は1500億ドルしかない。単純計算で制裁余地が3500億ドルも差があります。しかも中国の主な輸入品は小麦や豚肉、果物などの食料品や天然ガスなどのエネルギーが大半で、これを制限すれば自国に影響がもろに跳ね返ってくるのは火を見るより明らかです。ただでさえ中国は貿易依存度が33・3％（16年度）と高い国なのです（日本25・4％、米国19・9％）。

一方、米国からすれば、中国で生産されている工業製品の多くは、他国に代替可能であり、オンリーチャイナではありません。産経新聞の矢板明夫氏は、中国は「勝ち目のない戦争に応じている」と冷静に分析する北京在住の改革派知識人の声を紹介しています。

確かに海外企業からみて、グローバル・サプライチェーンとして、中国は重要な位置を占めていることは間違いありません。最適なインフラやエンジニアの人材という点で、ASEAN諸国よりも中国にアドバンテージがある面も認めます。

また規模の面をみても、中国に代わる存在はそうは現れません。米シンクタンクのブルッキングス研究所が7月に発表した報告書によると、中国製造業の生産額は約2兆ドル（約220兆円）で、世界最大でした。

しかし、ここに25％の関税がかかれば、中国は価格競争力を一気に失うことになるでしょう。人件費の上昇により価格競争力が低下、「世界の工場」ではなくなったうえに、中国当局から資本規制があるため利益が出ても海外への送金は難しい――多くのグローバル企業にとって中国は魅力の少ない国になりつつあります。

中国は李克強首相が必死の国際行脚を続け、国際社会との連携を謳《うた》っています。米国を「保護主義」と決めつけ、貿易戦争は米中当事国だけでなく世界経済に悪影響を及ぼすと吹聴していますが、世界に相手にされないでしょう。中国はやりすぎたのです。

これからみるように、経済戦争の第2ステージである金融制裁、宣伝戦、サイバーといった「全面戦争」に米国は向かっています。

ついに経済戦争第2ステージ金融制裁へ踏み込んだ米国

私は貿易戦争の本番は「金融戦争」であると書き続けていましたが、その金融戦争に米国は踏み切りました。

中国軍の武器管理部門とその責任者をＳＤＮ（経済制裁対象者）リストに登録したのです。

「SDNリスト」に登録された個人や法人は、世界中の銀行から口座凍結を受け、今後は金融取引ができなくなることを意味します。もし銀行がこれを破れば、今度はその銀行に厳しい制裁が科せられることになるのです。

これは中国国有銀行であっても同様で、ドル取引を続けたいなら順守するしかありません。非常に大きなニュースなのに、なぜか日本では大きく報じられておりません。そして、これは「国防権限法」が求めていた対応の1つであるといえます。

これについてここで少し解説します。

日本は議院内閣制で、国会では、行政のドンである総理をはじめ閣僚が議会に参加します。分野別の委員会に関しては大臣まで、予算委員会に対しては総理まで出席することが決まっているのです。それに対して、米国の大統領が議会に参加するのは年頭に演説する一般教書のみで、以後は議会が法律案や予算案を通して、大統領に提出するいわば「命令書」をつくる。そのうち国防に関する議会からの命令書が国防権限法なのです。

米国の議会は毎年国防権限法で軍事的な予算や計画を策定しており、そこには経済制裁も含まれています。

議会が出した法案に対して大統領は拒否権を持っています。すべての法案は予算がつかないと動かないので、議会は予算を対大統領との交渉材料にしているのです。これが米国の議会制度です。

SDNリストへの登録に猛反発した中国は、米国との間で予定していた軍事交流会合をキャンセルせざるをえなくなりました。

本番は金融をめぐる米中対立

中国は金融、通貨覇権においてもやりすぎました。米国の逆鱗《げきりん》に触れたのです。人民元の国際化の証しであるIMF（国際通貨基金）のSDR（特別引出権）入りなどを果たした中国は、為替の自由化、資本移動の自由化をするという約束のもとに国際金融の世界で勢力を拡大してきたはずでした。しかし、それを実施するどころか習近平国家主席は「社会主義強国」――社会主義による世界覇権を進めると居直ったわけです。また、一帯一路や2国間融資などカネの力を使っての権力拡大も進めました。これをつぶすには金融での圧力をかける必要があると米国は決意しました。そして米国は実際、これを行なう力も持っているわけです。

一帯一路も2国間融資も実施するためにはドルへの両替が前提であり、ドルが調達できなくなれば破綻します。米国の銀行が中国国有銀行などの資金調達に「チャイナプレミアム（付加金利）」をつければ、中国の金融機関は大きなダメージを受け、必然的に海外資産を投げ売らなくてはいけなくなるのです。これはバブル崩壊以降の日本の金融機関が経験した道でもあります。

当時の日本の銀行は国際基準であるＢＩＳ規制（自己資本比率規制。総資本に対する自己資本の割合）を満たしていないとされ、２％の付加金利をつけられました。つまり米国の銀行が3％で借りられるところを、５％を支払わなければならなくなり、米国内での競争力を失うとともに、金利負担によって膨大な資産を売却せざるをえなくなったのです。

中国に対しては為替操作、ウイグル問題などいくらでも金融制裁をかける名目があり、米国内への影響を判断しながら、段階的に追い詰めていけばいいだけだったのです。

そして、これが実施されれば一帯一路は終わり、約束が反故にされたことで中国の世界への影響力と信頼は失われていくでしょう。と同時に、外貨流出が止まらなくなり、外貨獲得のために中国企業は海外資産の売却に追い込まれ、米国市場との切り離しも進行することになります。

中国はＩＭＦを利用して、ＩＭＦから米国の地位を奪おうと画策しました。米国はＩＭＦに対して最大の出資国であるため、重要な決定には単独拒否権を持っています。

ＩＭＦはクォータと呼ばれる出資比率で、議決はその比率に応じて行なわれる仕組みとなっています。たとえば、重要な決定は85％の賛同が必要なのに対し、米国は単独で17・46％を保有しているため、1国で拒否できる立場にあるのです。中国はこれを失わせようと必死でしたが、これが米国の逆鱗に触れたわけです。米国は世界銀行でも同様の拒否権を所持し、アジア開発銀行（ＡＤＢ）では事実上、日本がこの拒否権を持っています。

つまり、世界の通貨制度と融資制度は米国の承認なしでは動かない構造なのです。そのため、中国はＢＲＩＣＳ銀行やＡＩＩＢ（アジアインフラ投資銀行）を設立して、中国の意のままに動く国際機関をつくろうとしていたわけです。しかしほとんど機能していないというのが実情でしょう。たとえば、ＡＩＩＢは開業から1年の時点で決定した融資はわずか9件で、その総額は17億3０００万ドル（約2０００億円）と、日本が主導するＡＤＢの10分の1以下にすぎないのです。

今回の金融制裁はロシアへの制裁違反によるもので、直接中国を狙ったものではありませんが、これは前哨戦《ぜんしょうせん》にすぎません。今後米国は中国への金融制裁をさらに拡大していくのでしょう。中国がのたうち回るのはこれからです。

歯止めが効かない外貨流出と人民元安

中国政府にとって頭痛の種は外貨準備の流出と人民元安でしょう。序章でも述べたように、中国は事実上のドルペッグにより通貨を発行していたため、ドルの流出は通貨安を意味します。本来、輸出に依存する中国経済にとって通貨安は価格競争力を高めるはずですが、25％も関税を掛けられたのでは帳消しどころかマイナスでしかありません。したがって、通貨が下落しても輸出が増えないのです。

私は貿易戦争の影響が人民元安に至る負の連鎖を拙著（『金融で読み解く次の世界』）で次のように図式化しました。

貿易戦争の悪化→中国の輸出の冷え込み→企業業績悪化→株価下落→海外投資家の離脱→人民元売りドル買い。

中国が陥っているのは正にこれです。

くわえて、この問題が深刻なのは、3・1兆ドルほどあるという中国の外貨準備が本当のところどのくらいあるのか不明なことです。

中国の外貨準備は約3・1兆ドルのうち1・2兆ドルが米国債ですが、日本と違って国や中央銀行が持っているのではなく、大半が4大国有銀行の保有です。そのため、いざというときに中国政府がどのくらい使えるのかがはっきりしません。日本や欧米の場合、外貨準備は政府か中央銀行が保有しているので把握できるのですが、中国の「外貨準備」はあくまでも保有している外貨の量であり、たとえ借り入れであっても外貨で持っていれば外貨準備にカウントされています。そのこと自体は問題ありませんが、もし借り入れが大半である場合、信用不安に陥るといっせいに引きあげられる、つまり外部流出が起こる可能性のあることが問題なのです。

中国の4大国有銀行の対外債務の合計は約1・7兆ドルです。そのうち1・1兆ドルが短期債、ようするに、3カ月以内に決済をしなくてはいけないものなのです。

銀行のビジネスモデルというのは、金利が安い短期で借りて、金利の高い中長期で貸す、いわゆる長短スプレッド（長期金利と短期金利の差）で利ザヤを抜くのが常道です。

したがって長短スプレッドをえるために、短期の借り入れをロールオーバー（乗り換え）し続けるわけです。逆にいえば、短期金利が上がってしまうと、金利が払えず元金を返金しなくてはならないリスクがともなうのです。そうしたリスクのある短期債が４大国有銀行に１・１兆ドルもあるわけです。

つまり、ＦＲＢの利上げにより、短期債１・１兆ドルの金利が払えなくなれば、３カ月で元金の１・１兆ドルも消える可能性があるのです。

海外資産の売却を急ぐ中国の民間企業

ところが中国の場合、目に見えない外貨準備があります。それがなにかといえば、中国政府と中国企業と中国人が持つ海外資産です。

これは私有財産を認める民主国家ではありえませんが、中国というのは党と国有銀行の関係がそうであるように、党と民間企業と個人との間の垣根がないに等しいといえます。

たとえば民間企業といっても、民間企業の取締役会の上に中国共産党の支部があって、すべての企業が共産党の支配下に置かれています。

ですから外貨準備が不足した場合、政府の命令で民間企業が海外資産を売却してドルの獲得に動くわけです。

実際、それはもうすでに起きています。実質破綻状態にある中国複合企業、海航集団（ＨＮＡグループ）は、オリックスに米国の航空機リース部門の株式3分の1を売却し、20億ドル強を得ています。同社はさらに保有するドイツ銀行の株をすべて売却する方針だと伝えました（２０１８年9月7日付「ウォール・ストリート・ジャーナル」）。

海航集団のほかにも、安邦保険、大連万達集団（ワンダー）が債務処理の一環として、海外資産の投げ売りをしています。そうまでしなければならないほど追い込まれているのでしょう。

それに対し、米国はすごくずる賢いやり方をしています。

人民元安は許さない、人民元を安くしたら「為替操作国」に指定し金融制裁をかけるぞ、と脅しているのです。

18年10月11日付「ブルームバーグ」によると、米財務省高官が8日、匿名を条件に次のことを語ったと報じています。トランプ政権は人民元安を懸念しており、ムニューシン財務長官が１９９４年以来初めて中国を為替操作国に認定するよう、ホワイトハウスから圧力を受けているというのです。

しかしながら、人民元を高く維持するためには、外貨＝ドルをより多く所有しなくてはいけないから、保有する海外資産を売らなくてはなりません。金融制裁とは中国へのドルの流れを止めることですから、中国はいまどちらに進んでも外貨が流出する袋小路に追いつめられています。

中国人民銀行（中央銀行）は、市中銀行から強制的に預かる預金の比率を示す預金準備率をさらに下げる緩和政策をとりましたが、これは通貨が下落方向に動く。したがって、緩和しながら人民元を上げるには、ドル買い支えの為替介入しかありません。しかしながら、これをやると外貨準備が消えていくので、外貨建て資産を投げ売るしかなくなります。

面白いことに、トランプ政権はこれまで中国が自国に有利なように為替や市場を操作してきたのを逆手にとって、大損する方向で市場操作をしろと要求しているわけです。

バブル崩壊後の日本もそうでしたが、これにより中国市場が世界から締め出され、分離化が加速するでしょう。

14年以来の株価最安値を更新

貿易戦争の影響が人民元の通貨下落とともに株価を直撃しています。

貿易戦争以降、上海市場は日米と明暗をわけて低空飛行を繰り返していましたが、心理的基準点となる最安値を更新、2500元台で推移していましたが、ついに2400元台に割り込んでしまいました（2018年10月19日現在）。ただし、これはまだ高い水準であり、香港と上海の同時上場株の株価にはまだ23％も差があります。つまり、2100元程度が適正水準といえ、今後さらに調整される可能性が高いでしょう。

現に、UBSグループのリポートは、6・9元台で推移する中国人民元は年内に1ドル＝7元まで元安が進み、来年も値下がりが続き、2019年末までに7・3元に下落するとの見方を示しています。さらに中国の全輸出に米国が25％の関税を課せば、人民元は19年に7・5元になる可能性も射程に入れています。となれば、同時に株価も下落を免れないでしょう。

ところで、株式市場は10月11日のNYダウの下げを受けて、世界的な株安になりまし

貿易戦争で明暗がわかれた日米対中

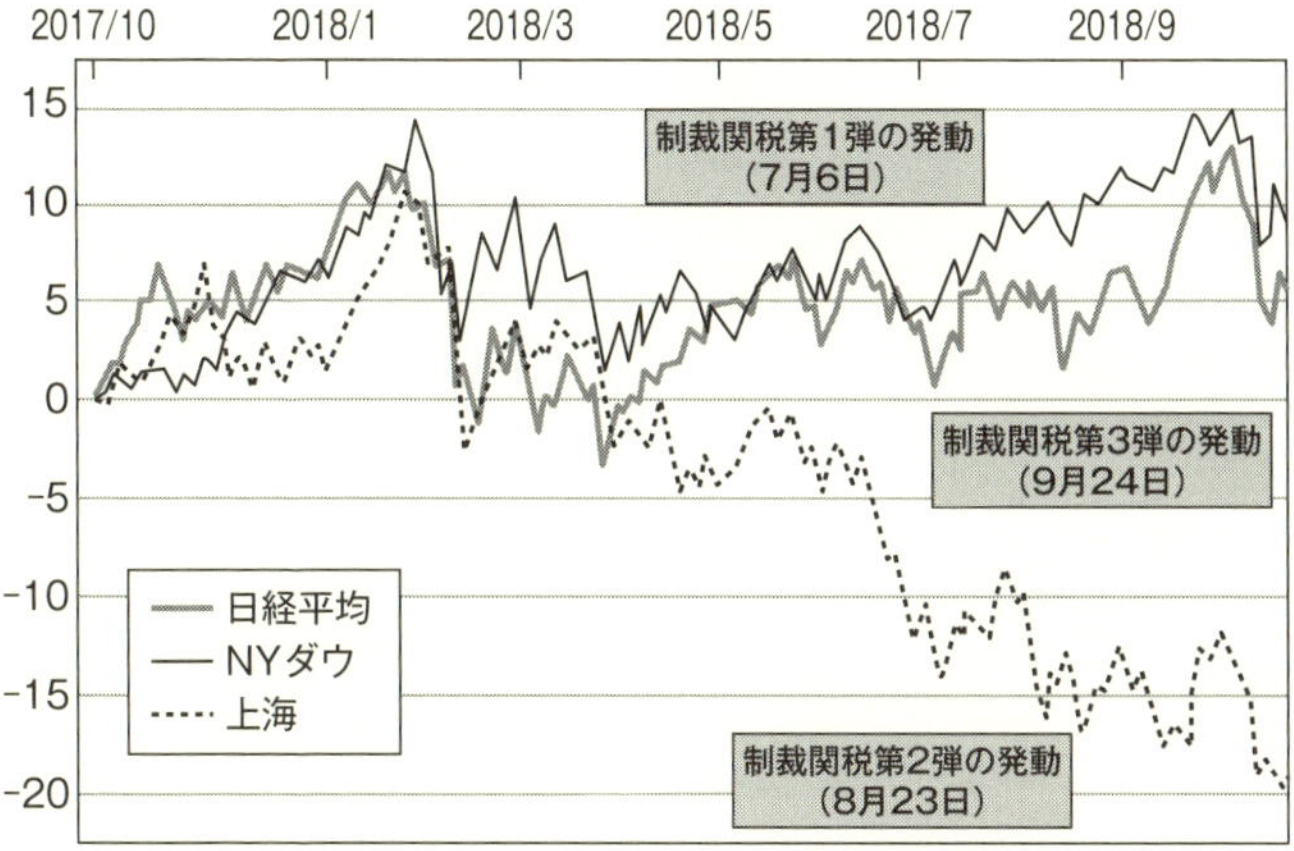

17年10月を基準に、株価騰落の推移を％で表示

た。

しかしこれは、最高値水準をつけていたＮＹや東京市場への一時的な調整の動きとみればいいでしょう。また、日本の場合、リスク回避で円買いが起きやすいため、円高効果での株安が同時に起きる構造でもあります。

今回の上海株の安値ですが、２０１５年夏の暴落とは異なり、中国政府や国有銀行などの大規模な買い支えがあるなかで起きたものです。また、中国政府は国内ファンドや保険会社など民有企業に対して国内株を購入させるＰＫＯ（プライスキープオペレーション）を命じ、株価下落になんとか歯止めをかけていた状況です。

その意味では今回の上海株価下落は２０１

5年よりも深刻であり、民間資本がリスク回避するためのデレバレッジ（レバレッジ取引の解消）が一気に進んでいるといえるのでしょう。公的資本とともに民間資本の急激な業績と財務の悪化が懸念されるところです。

新華社を外国政府機関と認定

金融以外の分野でも、米国は中国排除の姿勢を緩めていません。

米国司法省は、中国官製メディアの新華社通信と、中国中央テレビ（CCTV）傘下の英語放送局CGTNの2社を中国政府の宣伝活動を行なう機関だと認定し、外国代理人登録法（FARA）に基づいて、登録するよう命じています。つまり、この2社は、今後ホワイトハウスでの取材制限や、記者証明のはく奪もありうると警告されたわけです。

米司法省は中国日報（チャイナ・デイリー）、人民日報、新民晩報など、すでに20の中国メディアを外国代理人として登録していましたが、ついに新華社にまで及んだ格好です。

おそらく今後「孔子学院」に対してもFARAに登録するよう命令が出されるでしょう。孔子学院は、表向きは中国語学習や文化交流などを目的に中国が海外の大学と提携して設立した教育機関ですが、実態は中国政府の宣伝機関にすぎません。

対して中国の外交部報道官は「メディアの『政治化』をやめるように」と批判しているようですが、中国だけには言われたくなかったでしょう。

中国では外国人記者やジャーナリストのビザの強制はく奪や、国外退去の脅威は日常茶飯事です。

「中国の統一戦線工作」の実態を公式に発表

米国はメディアをあげて「反中」キャンペーンを開始しています。

２０１８年9月23日、米メディアのアクシオスが、トランプ政権が中国によるサイバー攻撃を通じた米国の選挙介入や知的財産権侵害などを非難する大規模な反中キャンペーンを展開する計画だと報じましたが、以来メディアを利用した空中戦が始まっています。

この反中キャンペーンにはホワイトハウスのほかにも、財務省、商務省、国防総省が参加し、中国が米国の行政機関や民間企業などに「敵対的活動」を仕掛けている実態を国民に訴えるといいます。機密情報が盗まれれば、国益が損なわれると警鐘を鳴らし、ただでさえ「反中」に傾いている米国世論をさらにあおるのでしょう。

ウイグル問題などがいっせいに報じられたのもこの動きと関係があります。マイク・ポンペオ国務長官は、中国がイスラム教徒の少数民族であるウイグル人を多数拘束していると、異例の強い論調で批判しました。

これは、中国が過激主義の抑止を口実に、西部の新疆《しんきょう》ウイグル自治区で、ウイグル人を多数拘束しているとの国連の報告を受けてのものですが、ポンペオ国務長官は「数十万人、ことによると数百万人のウイグル人が、いわゆる再教育キャンプに強制的に収容され、重度の政治的な洗脳をはじめとする虐待に耐えている」、「彼らは宗教的信仰を奪われている」と警鐘を鳴らしています。

これに先だち、8月末にも米議会の超党派議員団が、ポンペオ国務長官とスティーブ・ムニューシン財務長官に同様の件で中国当局者らに制裁を科すよう求めていました。

米国は断末魔の中国にさらなる追い打ちをかけています。トランプ大統領はさらに多くの対中制裁が可能と発言、議会はウイグル人権問題などを理由に2022年の北京の冬季オリンピックの開催地変更をIOCに求めました。このままではモスクワ五輪の悲劇が繰り返される可能性も指摘されています。IOCとしても厳しい判断を迫られることになります。

ポンペオ国務長官、ジョン・ボルトン大統領補佐官、ピーター・ナバロ通商産業政策局長、ライトハイザーUSTR代表、カドロー国家経済委員会委員長と、トランプ政権はトランプ大統領よりも「対中強硬派」がそろっているのは周知のとおりです。

しかし、日本のメディアは中間選挙の結果や民主党との政権交代によって「対中強硬外交」が変わる可能性を喧伝《けんでん》しますが、それはありえません。議会はトランプ大統領よりも強硬です。トランプ政権が中国のZTEへの制裁を解除した際も、議会は安全保障上の理由から強く反発していました。一般に親中派とされる民主党においてさえ多くの議員が対中強硬路線の支持を表明しています。

また、ダラス連銀のカプラン総裁も中国との貿易対立は「正しい闘い」だとし、解決までに数年かかっても驚きではないと述べたといいます。メディアでもリベラルな「ニューヨーク・タイムス」まで反中国の論調になっています。

トランプ政権の反中国の強固な立場は、17年末に出た「国家安全保障戦略」で明示されていましたが、最近のワシントンでは官と民、保守とリベラルを問わず、中国との対決がすっかりコンセンサスになり、その様変わりに驚きのレポートを書いているのは古森義久氏です（9月23日付「産経新聞」）。

氏によると、ワシントンではこのところ中国に関して「統一戦線」という用語が頻繁に語られているといいます。統一戦線とは、「統一戦線工作部」という中国共産党内の内部組織を指しますが、これは共産党が他国を侵略するために、その国のあらゆる組織に入り込み党の意図する方針へ誘導することが目的です。つまり、米国内における各界から中国による工作が行なわれていることを指摘する声が高まっているわけです。

たとえば、半官半民のシンクタンク「ウィルソン・センター」によると「米国の主要大学は長年、中国政府工作員によって中国に関する教育や研究の自由を侵害され、学問の独立への深刻な脅威を受けてきた」といいます。

・中国政府の意を受けた在米中国外交官や留学生は事実上の工作員として米国の各大学に圧力をかけ、教科の内容などを変えさせてきた。
・各大学での中国の人権弾圧、台湾、チベット自治区、新疆ウイグル自治区などに関する講義や研究の内容に対して、とくに圧力をかけてきた。

・その工作は抗議、威嚇、報復、懐柔など多様で、米側大学への中国との交流打ち切りや個々の学者への中国入国拒否などを武器として使う。

このような報告が公式の調査報告として集大成されて発表されることは、これまでの米国では考えられないと古森氏はいいます。

もはや中国の驚異が抜本的に取り除かれるまでは、この路線は継続されると中長期的に見たほうがいいでしょう。少なくともトランプ大統領だけの問題ではないことが明らかにされたのです。

冷戦突入でCOCOMを復活するアメリカ

米国の戦略としては、「中国製造２０２５」をつぶしたあとは、新しいＣＯＣＯＭ（Coordinating Committee for Export to Communist Area＝対共産圏輸出統制委員会）をつくるはずです。先にふれた国防権限法によって対米外国投資委員会（ＣＦＩＵＳ）が強化され、中国企業が米国企業、特に重要な技術を持つ米国企業を買収することが、ほぼ不可能になりました。

そしてスパイ拠点と言われている孔子学院の排除にも動いています。

米国の留学生ビザはこれまで5年だったものが、1年の更新に変わりました。特に米国の国防に関する技術や先端技術にかかわる部分に関してはいっそうの中国排除が始まっています。米国の国防技術を扱うすべての企業に対して、中国人の採用を制限するよう要請しています。また関係各国にも米国の「国防権限法」に基づき、同様のことを要請し始めています。安全保障や軍事分野から中国人がどんどん追い出されていくことになります。これはもう完全に次のＣＯＣＯＭの前哨戦と言えるでしょう。


トランプ大統領が言っていることは、選挙戦のときから一貫しています。「Greatest America Again（グレイテスト・アメリカ・アゲイン）」、いわゆる「強いアメリカの復活」、これをずっと繰り返しているのです。実際、歴代大統領で、いや世界の政治家を含めて、これだけ公約を守った指導者は皆無でしょう。

「強いアメリカの復活」の根本にあるのは米国の製造業の復活です。なぜかというと、これは『トランプ！』（ビジネス社）でも書いたことですが、五大湖周辺のラストベルト（錆びついた地域）の選挙区の支持は絶対に押さえなくてはならないからです。

もともとこの一帯は、労働組合が強くブルーカラーの多い製造業地域のため、民主党が強かった選挙区です。しかし、オバマ前大統領への幻滅もあり、「製造業を復活させる」と強く訴えたトランプ氏が民主党支持者を共和党側へ寝返らせることに成功し、大統領選の勝利をえることができたわけです。したがって、トランプ大統領は常にこの五大湖周辺のラストベルトを意識した政治をしています。

そしてトランプ大統領を支持するもう1つの層は、キリスト教福音派です。米国の福音派はユダヤ教に非常に近い。もともとエルサレムの地は、アブラハムの民のものであり、アブラハムの民が奪回することによって、ふたたびキリストが復活するという思想です。むろん、トランプ大統領のエルサレムへの米国大使館移転もこの福音派の影響を受けたものとみて間違いありません。

そして副大統領マイク・ペンスはこの福音派の代表的な人物で、敬虔《けいけん》なキリスト教徒です。彼らがトランプ大統領を支えている面が非常に強くて、クシュナー氏を中心としたシオニストのユダヤ人グループと非常に仲が良いのです。

ユダヤ陰謀論の大きな間違いは、ユダヤ人を1つに捉えてしまっていることです。ユダヤ人グループは――あくまで大きく分けると――シオニスト、エルサレム復活、イスラエル復活運動を主導したヤコブ主派を中心としたグループと、いわゆる人権派、流浪の民であるユダヤ人、ネオコンの人たちが多いグループの2つに大別されます。

これも米国・共和党の変遷の歴史と表裏一体の側面があります。

冷戦末期、東側陣営は経済的な破綻に見舞われ、巨大な社会実験としての社会主義・共産主義は終焉《しゅうえん》を迎えました。その際に、もともと社会主義・共産主義の信奉者であった人たちが大量に保守主義側に転向したのです。彼らを「ネオ・コンサーバティブ＝ネオコン」と呼んでいます。そして米国政財界で、甚大な力を持っていました。

なかでも民主・共和両党に対して、もっとも権力をふるっていたのが大富豪のコーク兄弟です。

そのコーク兄弟が主張したのが、グローバリズムによるワンワールド化であり、共和党もその思想に傾斜していったのです。いわゆるメディアが呼ぶ「共和党主流派」はこのようなネオコンを中心とした勢力です。

「フォーブス」によると、2人の資産は1200億ドル（約13兆円）もありますが、トランプ氏は選挙戦からコーク兄弟を批判し、当選後、彼らとの決別を宣言しています。

リーマンショックは、東西冷戦に次ぐ西側体制の敗北の意味も持っており、グローバリズムによるワンワールド化の否定が、じつはこのときから緩やかに始まっていたのです。そのネオコンやグローバリストが共和党内から淘汰《とうた》されつつあるのが今の共和党の動きです。コーク兄弟が支えていたティーパーティの代表であるポール・ライアン氏も引退し、テッド・クルーズ氏も立場を失いつつあるのは、そうした流れを受けてのことです。クシュナー氏は、反対グループのシオニスト・ユダヤ人グループの代表格でもあり、彼らがトランプ大統領を支援しています。これにキリスト教福音派が加わっていてトランプ政権を支える母体になっているわけです。トランプ大統領支持層を見ても中国との全面対決は揺るぎない方針だということがわかります。

貿易戦争の本質を理解していない日本

世界の覇権国・米国にとって、ドルは最大の輸出品目であり、覇権を握っている限り必要とあらば、いつでも刷れるという最大の強みがあります。ですから米国にとって安全保障は、すべてに優先し、経済も金融も安全保障の道具にすぎません。

しかし、ここのところがメディアや財界人をはじめ、戦後の日本人には見えないところでもあるのです。

日本のメディアや財界人は、経済合理性でしか理解していません。しかしこの対立は単なる経済的な対立ではなく、世界の覇権と支配をめぐる超大国同士の対立であり、価値観の対立でもあります。

本来、共産主義計画経済と資本主義自由経済は対立する概念です。

政府資本と政府の統制による価格決定を基本とする共産主義、民間資本と市場での価格決定を基本とする資本主義。この2つの概念のいいとこ取りをしたのが中国であり、政府主導による資本の増大と一部共産党資本家の投資により伸びてきたのが中国経済です。

そして、資産バブルにより拡張した「消費」が中国を支えてきた半面、大きな矛盾を抱えたがために他国との摩擦を生んでしまったのはご承知のとおりです。資本主義のリーダーである米国がこれを認めないとしたことで、歪《ひずみ》が露見、中国の社会構造を揺るがしているわけです。

中国のこれ以上の経済拡張は、中国の軍事力の拡大を招き、同時に米国の覇権を脅かします。

　また、それは自由主義という価値観の敗北を意味します。この本質があっての経済戦争であることから、米国は追撃の手を緩めないでしょう。

「グレイテスト・アメリカ・アゲイン」で製造業を復活させる、これを最大の目標としてやっているからこそ、ＮＡＦＴＡの再交渉があり、中国との自由貿易を認めない毒薬条項を盛り込んだのです。

　これは現在交渉中の日本や、欧州との貿易協定においても組み込まれるのは必定でしょう。もはや各国と中国との間で壁をなくすことはできなくなったわけです。

　トランプ大統領の貿易戦争は、鉄鋼、アルミに関税をかけるという戦略から始まりましたが、これは1年以上かけて練った戦略です。それが証拠に、現トランプ政権の中核はほとんど１９８０年代の日米貿易摩擦交渉で勝ったグループで固めています。

　彼らは80年代に同様の成功体験を持っているし、ノウハウを持っているので、それを中国に応用したうえで、計画的に貿易戦争を行なっていると見ていいでしょう。

　その戦略を理解しないで、慌ててトランプ大統領の追加関税に対し苦言を呈する日本の閣僚や中国へシフトする日本企業は、米国の本気の戦いに対して「利敵行為」を行なっていると自覚したほうがいいでしょう。

打つ手のない中国は、トランプ大統領の制裁は中国だけではなく、世界経済をも巻き込み打撃を与えると訴えることにより矛先をそらそうとしていますが、この論調に世界のリベラルメディアが加担しているのです。

アメリカの最大の弱点に協力できるのが日本

日本のメディアや経済界、あるいは「親中派」議員はともかく、日本は米国の右腕になれるし、日本企業は米製造業の弱点に貢献できる技術力を持っています。

トランプ大統領は製造業の復活を唱えていますが、そもそも製造業の基盤そのものが消失してしまっているため、容易にはいきません。米国の最大の弱点です。しかし、ここに日本の存在価値があるのです。

日本が米国に協力できることを指摘したいと思います。

メディアは米中貿易戦争が日本企業に与えるマイナスの話しかしませんが、私は日本にとってチャンスだと捉えています。ポイントは2つあります。1つ目は、前述したように米国の消失した製造業の基盤を日本企業が支えればいいということです。

すでに日本の生産構造は、直接的な消費者向けビジネス（BtoC）から、キーパーツや特殊材料などを企業に供給する業販型ビジネス（BtoB）に切り替えられています。さらに企業対行政間取引（BtoG）へと拡大しています。製造機械や検査機器、調整用機械など、日本の独壇場であり、大量の製品を海外の企業に大量供給していました。これらは、完成品を日本から送る必要がありません。

中国の賃金高騰やグローバル化の流れを受け、すでにいくつかの日本企業は消費地に近い地域に、最終組み立て工場の移転を進めています。これを一気に加速するのが望ましいでしょう。米国で売るものは米国でつくり、現地の労働者を雇用する。米国に法人税を払う半面、利益をたっぷり日本に還元すればよい。積極的な米国展開により、日米間でWIN-WINの関係を築くことができるわけです。この関係が強まれば、自ずと米国から日本への風当たりも弱まるでしょう。

たとえば、トヨタはケンタッキー州にある世界最大規模の工場の刷新に13・3億ドルの投資をしています。ここに日本の製造業がアクセスすることによって、はじめて米国の製造業の復活が可能となります。これが日本側から見た場合の米国とのディール（取引）の材料になるのです。

自動車部品でも、空調圧縮機、ターボ装置、自動変速機、電子制御、通信システムなどは、米国だけでなく世界各国が日本メーカーの製品を採用しています。半導体、エンジン制御システム、ＡＢＳなどの部品でも絶対的な優位性を誇っているのです。

特に日本の精密加工技術は優れており、米国の軍事技術、航空宇宙技術を支えています。

ボーイングの飛行機をとっても、エンジンの特殊なブレードや外装部分の特殊なファイバーは日本から供給されています。そうした日本の技術が大きな武器となり、米国との貿易摩擦も解消できるのです。

中国のように従業員までまるごと輸出し、現地と軋轢《あつれき》を起こすようなやり方はもう許されなくなりました。

米国だけではなくて、世界中が中国排除に出るでしょう。グローバル・サプライチェーンの恩恵をいちばん受けていたのは中国です。「世界の工場」であった中国で組み立てて、世界一の消費国である米国に輸出していました。

しかし今後は、世界中で最終消費地に近い地域でつくったものを集めて、ローカライズされた形のインターナショナル・サプライチェーンに切り替わっていきます。

まさにトヨタがとっていた戦略です。

トヨタというのはその地域に下請けまで連れて行き、現地に生産拠点を築いて、地元の人間を雇用します。学校や公民館までつくって、運動会も一緒にやるのです。したがって、プリウス問題で叩かれたときも最後にトヨタを救ったのは、その地域の米国の議員たちでした。

日立も日本車輌も同様のビジネスモデルです。これを国家レベルで世界中に拡大するのです。インターナショナル・サプライチェーンに変わっていくのが世界の潮流です。

そうした潮流において日本のように、たとえばファナックを中心とした自動車を製造するためのロボットだとか、工場の自動化を追求した企業が存在する国は数が少ないのです。

日本以外ではドイツか米国かスイスでしょうか。最終消費地に近いところにそうした工場をつくるのです。世界各国の地域に貢献するかたちで「日本」を売り込み、そしてその利益の一部を日本に還元すればいいのです。

あるいは反対に、日本でしかつくれないキーパーツの輸出をはかるのもいいでしょう。このキーパーツをできるだけ高く輸出することによって、日本は利益を確保し、世界的なサプライチェーンに対し中核国家としての地位を占め、供給を維持するのです。特殊な研削盤などの工作機械です。これは日本だからできるのであって、中国にはできないことなのです。

一方、周知のように日本は少子高齢化で生産人口が減少しています。この労働力不足を新興国で補うのではなく、米国などの先進国で補う。そうすれば、知的財産権も守られ、米国の保護の対象にもなりうるわけです。

もう1つは日本の中国投資をリスクマネジメントできる範囲に抑えることです。いざとなったら「切り捨て」できる範囲の最低限の投資にとどめ、必要であれば規模を縮小します。そして、それで生まれた余力を米国などの消費地に近い先進国に移すのです。

昨今の米中関係に鑑みれば、日本企業がとるべき「攻撃と防御」、そして導かれる日本経済の「勝ちパターン」は自ずと見えてくるでしょう。

同盟国・米国が中国と本気で戦うという答えを出した以上、日本は一気に切り替えなくてはならない時期がやってきたわけです。

そして、米国は1対1の貿易交渉において、米中のどちらにつくか、世界各国に踏み絵を踏ませている状況なのです。

第3章

中国排除に動き出した世界、対応を迫られる企業

チャイナフリーにシフトする米企業

２０１４年７月発売の拙著『ヤバイ中国』（徳間書店）で、中国製通信機器に関して、西側諸国で使用禁止になる可能性が高いと記しましたが、これが現実化しました。

米英豪に次ぐ形で、日本も公共部門からファーウェイ、ＺＴＥの２社を排除することになり、実質的に次世代５Ｇでは採用が難しくなるでしょう。くわえてインド、ロシア、韓国も２社の排除を決めました。

「５Ｇ」とは「第５世代」の略称で、超高速で大量の情報をやりとりできる次世代の通信規格のことです。２年後の２０２０年に商用化できるよう官民あげて進めています。スマホの通信速度が最高で１００倍になり、２時間の映画を３秒でダウンロードできるようになります。

「第５世代」は、１９８０年代のアナログの音声通話を１Ｇ、90年代のデジタルのパケット通信でメールができるようになった２Ｇ、２０００年代の音楽や動画、ゲームを楽しめるようになった３Ｇ、そして現在のスマホの世界が４Ｇです。中国は「中国製造２０２

5」や「第13次５カ年計画（２０１６―２０２０）」でも5G展開と世界市場参入を明記していましたが、早くも頓挫《とんざ》した格好です。

中国の賃金上昇や労働力の縮小などによる生産コストの上昇や規制強化、さらに製造業からサービス業化を目指す中国政府の政策が製造業を圧迫したことによって、ただでさえ「チャイナプラスワン（中国以外に製造拠点を移す）」、「チャイナフリー（中国産未使用）」を検討する米企業が増えていました。

たとえば、中国南部の珠江デルタでは、産業や商業用拠点の賃貸コストが、８年で８割も上昇しています。また、産業によっては生産の自動化が進んでいるため、トータルの生産コストとしては、中国よりも米国のほうが安い例もあるほどです。中国の製造会社マルコ・ポーロ傘下のワンダフル・グループは、６月に米テネシー州の新工場から製品出荷を始めました。

貿易戦争は中国に進出していた米国企業に対して、直接的な打撃を与えています。関税引き上げのため、価格競争が低下したからです。

すでに中国での生産を減らした企業もあれば、サプライチェーンの調整で対応しようと試みている企業もあります。

蘭栄養食品ロイヤル傘下のＤＳＭチャイナは、中国政府による報復関税を避けるため、原料となる米国産大豆をえんどう豆パウダーなどに置き換えられないか、検討しているといいます（２０１８年8月30日付「ロイター」）。

新たな製造拠点として、インドやタイ、ベトナム、マレーシア、カンボジアが中国に代わる工場として手を挙げています。

なかでもタイは、自国をアジアの生産ハブとして積極的に売り込んでおり、特定産業における最大8年間の法人税免除や、一部原材料の輸入関税免除などのインセンティブを提供しています。

タイ投資委員会によると、同国の法人税率は20％、これは東南アジア諸国連合（ＡＳＥＡＮ）加盟国のなかで2番目に低い水準です。

タイはすでに、一部家電製品や部品の主要な生産拠点となっています。政府は対象産業の振興を図るため、数カ所の工業団地建設を計画しているといいます。

中国とＡＳＥＡＮの自由貿易協定も、米中両国と取引している企業にとって、貿易戦争リスクを軽減する効果があるのです。

そしてマレーシアのマハティール首相のまさかの返り咲きは、アジア諸国における「反

一帯一路排除の動き

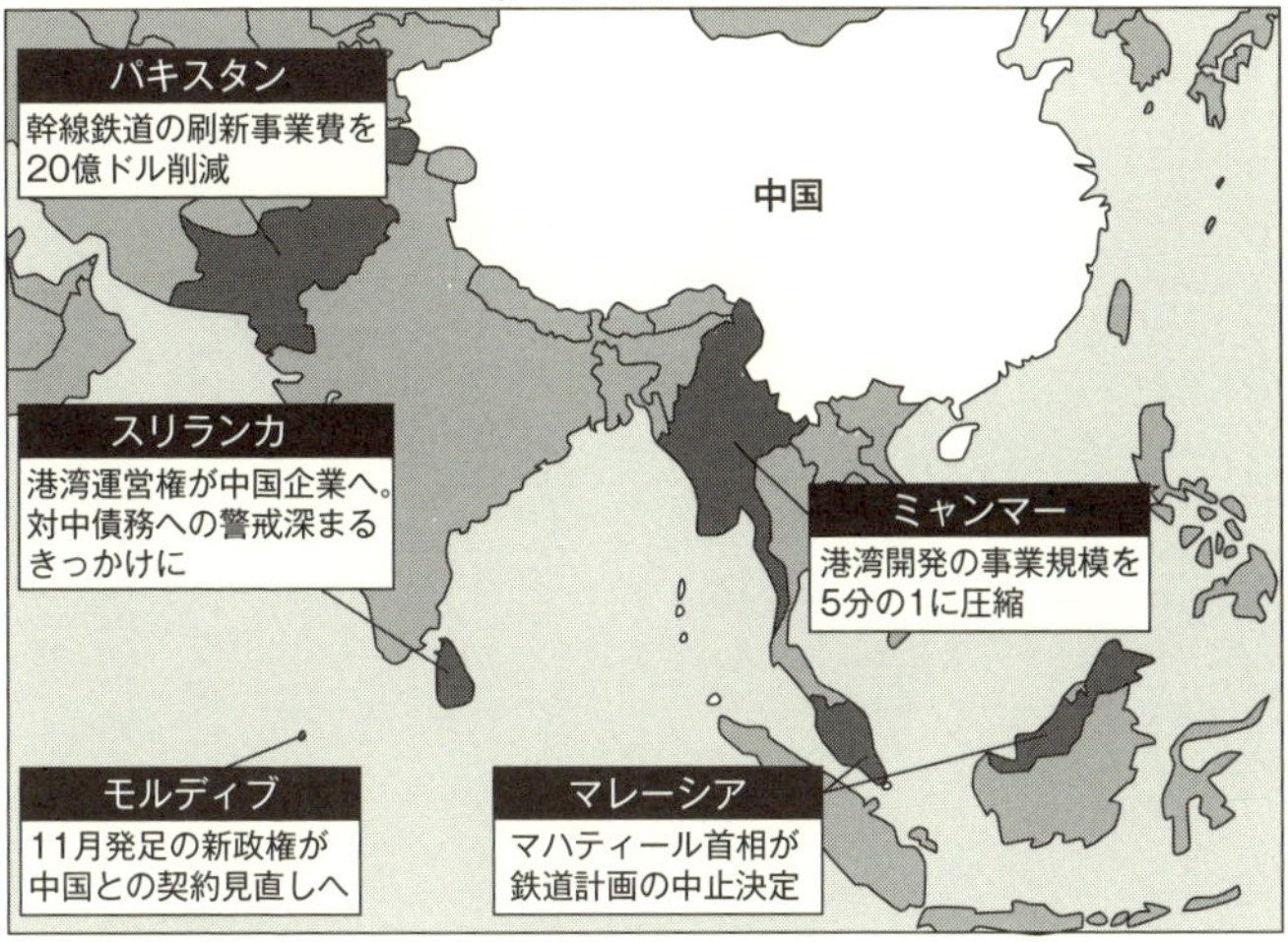
パキスタン
幹線鉄道の刷新事業費を20億ドル削減
中国
スリランカ
港湾運営権が中国企業へ。対中債務への警戒深まるきっかけに
ミャンマー
港湾開発の事業規模を5分の1に圧縮
モルディブ
11月発足の新政権が中国との契約見直しへ
マレーシア
マハティール首相が鉄道計画の中止決定

中国ドミノ」の象徴といえる出来事でしょう。

マハティール首相は、前任者のナジブ首相が中国と結んだ計画を次々に否定、一帯一路の中止だけでなく、国内の汚職と不正を暴き、同時に中国の入植計画を中止に追い込んでいます。

じつは反汚職に関しては、Ｇ20の合意によりＢ20（Ｇ20サミットにあわせて毎年行なわれる経済界のサミット〔Ｇ20ビジネス・サミット〕）で調査し、それを否定する仕組みがつくられていました。しかし、２０１６年中国が不参加を表明したことで機能不全に陥っていたわけです。

それを日本は伊勢志摩サミットで改めてひ

っくり返し、その後の杭州サミットで議長国である中国に反汚職を飲ませたのです。

このため、ナジブ首相の汚職絡みの案件に関しては、中国は文句を言えない状態になり、計画中断に反対できない構図に追い込まれました。これを理解したうえで老獪《ろうかい》な政治家といえるマハティール首相は中国つぶしを行っているわけです。

また、マハティール首相の一帯一路拒否により、一帯一路全体の計画が壊れ始めており、中国の野望は大きくくじかれた格好となるのでしょう。

そしてマレーシアに続き、パキスタンでもモルディブでも「親中派政権」が相次いで選挙に敗れる異変が起きています。中国経済に依存しながらも、アジア諸国の国民が本音のところで「中国排除」を支持していることの証左です。

米台接近と台湾旅行法

「一つの中国」政策をかかげる中国にとって台湾は、米国に対して絶対に譲れない一線です。中国に見せつけるかのように台湾に接近しているのがトランプ政権です。

米国は2018年3月に「台湾旅行法」を成立させて、米国高官が公式に台湾へ訪問できるようになりました。それにともない、台湾の大使館にあたる在台事務所が新設されて、開所式に米国はロイス国務次官補が出席し、米台両国の蜜月ぶりをアピールしました。

ボルトン大統領補佐官は、以前から台湾に米国海兵隊を駐留させると発言しています。おそらく、台湾旅行法と米高官の開所式への参加は、海兵隊が台湾に駐留することを見越したうえでの動きなのでしょう。

台湾の農業団体が大量に、中国による報復関税で価格が下落した米国産の大豆を、購入することを決めたという報道がありました。中国に輸出できないため、米国産の大豆価格が15%ほど下落していたところを、台湾の農業団体が18年～19年に1750億円相当を米国から輸入することを決めました。これは従来計画の3割増しです。

また台湾は、米国からF16戦闘機の交換部品など、計3億3000万ドルの武器を購入も決めたようです。同様に日本も米国のLNG（液化天然ガス）を買ってあげればいいでしょう。

一方、中国は台湾を孤立させるために、台湾と外交関係を結んでいる国に対して、投資などカネの力をエサに断交させることに成功しています。

たとえば07年に断交させたコスタリカには、3億ドル相当の同国国債購入を条件にしていました。今年8月に断交させたエルサルバドルはプロジェクトのエサで釣り上げました。

16年12月のサントメ・プリンシペを皮切りに、パナマ(17年6月)、ドミニカ共和国(18年5月)、ブルキナファソ(同)、前述のエルサルバドルとこの2年間で5カ国の外交承認を、台湾から中国へと変更させています。

そして中国が次に狙《ねら》っているのが、小さな太平洋の島国パラオです。そのパラオをめぐり台中が対立しています。中国の圧力により、いまや台湾と外交関係を結んでいる国は17カ国しか残っていません。パラオはその貴重な1国ですが、台中対立の板ばさみにあった格好です。

台湾外交部はホームページ上で「深刻な外交的脅威に直面しているが、台湾政府は北京からの圧力には屈しない」と表明し、パラオとの関係を維持しようとしています。

パラオおよびミクロネシア連邦、マーシャル諸島の3カ国をめぐっては、中国は米国とも競合しています。米国はこれらの国と自由連合盟約を締結しており、年平均で約2億ドル(約220億円)の財政支援を提供し、防衛をになっています。また、3カ国とも国際連合に加盟しています。

中国は、「一帯一路」をパラオにも広げようとして、数十億ドル規模の資金をミクロネシアや周辺地域における貿易や投資、援助や観光に注ぎ込み、瞬《また》く間に太平洋の主要経済勢力となりました。

米政府報告書によると、太平洋諸島フォーラム参加国に対する17年の貿易額は、中国は82億ドルに達したのに対し、米国は16億ドルにとどまっているといいます。こうした中国による無利子融資も急増しているのです。

私も18年9月に台湾に取材にいき、政府高官の方とお会いして、貴重な意見交換ができました。また、台湾の工業地域である台中も見学させていただきました。

すでに台中では中国進出製造業の国内回帰が始まっているとのことです。ただし、問題はその撤退に関するリスクです。

中国から撤退しようとすると、中国政府は、膨大な退職金と中国政府から過去に受けた優遇処置の全額返還、製造設備等を中国に置いて帰ることを要求してきます。これが撤退の大きなハードルとなっていたのですが、米中貿易戦争激化で、損をしてでも中国から撤退を考える企業が急増したといいます。台湾の太平洋ベルト地帯といえるのが台中であり、その中心地が豊原です。その豊原にも徐々にかつての活気が戻ってきているように見受けられました。

その一方で、中国は国内半導体産業を成長させようと、台湾から上級エンジニアを引き抜いています。これは14年から始まっていましたが、米中貿易戦争がエスカレートするなかで、いっそう加速しているとのことです。

中国人からすれば、韓国人やＡＳＥＡＮ諸国よりも台湾人がいちばん接しやすいということから、台湾人がターゲットにされているようです。

台湾海峡で高まる米中対立とフィリピン

朝鮮半島、東シナ海、南シナ海と中国が国境をめぐり他国と衝突している地域において、習近平政権が軍事侵攻する可能性がもっとも高いと言われているのが台湾です。

台湾国防部（国防省）が18年8月31日に公表した「中共軍事力報告書」によると、中国はいまだに台湾に対する武力行使を諦《あきら》めておらず、２０２０年までにその全面的な侵攻作戦能力の完備を目指していると警戒します。

中国が武力に踏み切る可能性として挙げられているのは、①台湾による独立の宣言、②台湾内部の動乱、③核兵器の保有、④中国との平和的統一を目指す対話の遅延、⑤外国勢力による台湾への政治介入、外国軍の台湾駐留などが起きた際だと分析しています。

運用する戦術・戦法については、台湾海峡をはさむといった地理的な環境の制限により、上陸用舟艇や後方補給能力が不足しているため、現段階では軍事的脅威や封鎖作戦、制圧射撃などの可能性が大きいと予測します。

また中国軍が近年、台湾を周回する形で飛行したり航行しており、それらのいずれも対台湾作戦を想定したものと台湾は言及しています。また、軍事科学技術と兵器の研究開発に力を注ぎ続けている戦力の増強に警戒感をあらわにしました。

危機感を高める台湾ですが、米国を中心とした中国包囲網を揺るぎはありません。

現在、「航行の自由作戦」に参画する多国籍部隊の哨戒機（日本のＰ３Ｃと兄弟機）が、普天間に大集合しており、表向きは北朝鮮の瀬取り（船から船へ積み荷を移すこと）対策となっていますが、実際は南シナ海における中国への監視行動の一環です。

そして10月３日には、米軍が台湾海峡や南シナ海で大規模な軍事演習を計画しているとＣＮＮが報じました。これは明らかに中国に対する牽制です。軍事力を誇示して圧力をかける狙いでしょう。

台湾海峡は過去4度にわたり緊張が高まった歴史があります。その際も、米国の介入などにより全面戦争に発展することはありませんでした。

たとえば、1996年3月の台湾で行なわれた史上初の総統・副総統直接選挙のときも、中国人民解放軍は「台湾独立派」の李登輝《りとうき》が当選するのを阻止しようと、ミサイル発射演習を含む軍事威嚇を断行。あわや台湾海峡危機かと思われましたが、米国が空母2隻を派遣して中国を牽制し、事態は収拾しました。

中国はこのときの屈辱を忘れていません。

台湾情勢とも関連するフィリピンにも動きが見られます。

中国寄りとされるフィリピンのドゥテルテ大統領も米国がトランプ政権に替わり、米国寄りにシフトしてきています。

フィリピンの大統領任期は6年で再選は認められていません。また、憲法改正による任期延長の動きはあるものの、大統領自身は2022年6月（任期延長が認められれば2026年）の任期切れで辞職すると公言しています。

ここで問題になるのが、フィリピンに計画されていた米軍基地を復活させることができるかどうかです。これはアキノ前大統領のときに進んでいたものが、ドゥテルテ大統領とオバマ前大統領の関係が悪かったために、ペンディング状態に陥ってしまった案件です。すでに用地買収などは進んでいましたが、そこから止まってしまいました。

しかし、対中国包囲網として米国としても日本としてもこれを進めたいわけです。フィリピンの米軍基地が台湾防衛のカギにもなるからです。

中国の海域における軍事的防衛ラインの1つである「第一列島線上」には沖縄、台湾、フィリピンが並びます。したがって、フィリピンの米軍基地が復活すれば、台湾の米軍駐留も視野に入ります。そうなると、沖縄の役割は後方支援のための基地に変わります。

日本にすり寄る中国

米国に追い詰められた中国は、「微笑み外交」を通じて、日本を取り込もうとしています。中国首相として約7年ぶりに来日した李克強首相もそうした思惑があってのことでしょう。じっさい李首相を交えて開催された日中韓サミットの共同宣言には、次のような文言が明記されました。

「我々は、成長を達成するうえでの自由で開かれた貿易及び投資の重要性を認識する。我々は、スタンド・スティル及びロールバックのコミットメントを通じ、経済の自由化、あらゆる保護主義との闘い及びビジネス環境の改善に引き続きコミットする。（中略）我々は、電子商取引、投資円滑化及び零細・中小企業（ＭＳＭＥｓ）を含む国際貿易における昨今の課題に対するＷＴＯにおける議論を歓迎する」（外務省：第7回日中韓サミット共同宣言・仮訳）

また、8月に劉鶴《りゅうかく》副首相は、麻生太郎財務相・副総理と会談した際に、「一国主義、貿易保護主義が世界の発展や人民の利益を妨げるため、双方がともに自由貿易と多国間通商制度ルールを堅持すべきだ」と述べたといいます（8月31日付「新華社」）。

中国としては日本企業に中国投資を拡大してもらいたいし、そうすることによって日米を分断させたい思惑が透けて見えます。しかし日本企業がこれに乗ってはいけないことは言うまでもないことです。

とかく日本では中国の「14億人の市場」が喧伝されますが、ここではその実態を暴いていきたいと思います。

中国は輸出と投資がＧＤＰの6割以上を占め、個人消費の割合は37％前後と4割に満たないことは前に記しました。これは日本が約60％、米国が約70％であるのに対し、著しく低い数字です。そしてその消費にしても資産バブルによってつくられたものであり、バブルが崩壊すれば急速に縮むことになるでしょう。

中国の家計負債が急増しています。しかもそのうち約６割は住宅ローンであり、明らかにバブルの影響が出ています。そのうえこの民間債務が急激に増えているのです。これを中国の金融当局がソフトランディングさせるのは至難の業であり、どうやってコントロールしてゆくのでしょうか。

内需拡大どころか今後、サービス業などの消費も急速に落ち込むことが予測されます。くわえて、18年の6月から8月まで４００社余りのオンライン融資「ピアツーピア（Ｐ２Ｐ）」が破綻。約21兆円が吹き飛んで全国各地で自殺者が出て抗議デモが起きました。中国国際金融（ＣＩＣＣ）によるとＰ２Ｐはまだ１８００社程度残っていますが、今後も倒産ドミノが続き２００社弱まで減少すると見込んでいるといいます（「ブルームバーグ」２０１８年10月3日付）。

消費が落ち込むなか、消費者物価は着実に上がっています。国家統計局によると、８月の消費者物価指数（ＣＰＩ）は前年同月比２・３％上昇し、３カ月連続で伸びが加速しています。インフレリスクが懸念されるのは、豚コレラの流行や野菜の主要産地での洪水、大都市での家賃上昇、ドル高を背景とする原油価格上昇に加え、中国の米国の食料品などへの報復関税です。このまま関税をかければ、中国の食品物価などのインフレが発生すると思われ、とくに低所得層の消費を直接的に直撃します。また、飼料など農家の負担も大きくなり、価格転嫁するため、さらにインフレが加速する負のサイクルに陥っています。

国産化奨励の「中国製造2025」は外資にうま味なし

製造業振興長期計画である「中国製造2025」では次の5つの重要プロジェクトを謳《うた》っています。

第1にイノベーション主導の発展戦略の推進、第2にスマート製造を核として推進、第3に基盤技術産業を強化するプロジェクトの実施、第4に製造業のエコ化の推進、第5にハイエンド装備製造業の振興です。

問題は、第3の基盤技術産業（コア基礎部品、新素材）の強化プロジェクトで、ここには国産市場シェアの目標が記されています。つまり中国市場を閉鎖し、国内企業の奨励を謳っているのです。欧米はこれに反発したのですが、要するに中国市場では、国内市場への資金援助や技術移転を求められ、この先日本企業にとってますますうま味が少なくなるということでしょう。

中国は隣国であり、無理にケンカをする必要もありませんが、これから進出する必要もないでしょう。

2　人っ子政策の影響

また、1人っ子政策による少子高齢化の影響も、長期的に中国の内需を縮小させるでしょう。2017年に中国の新生児数は1723万人で、1000万人を割った日本の出生数よりは17倍以上あります。しかし出生率でみると1・24となり、これは日本の出生率1・43を下回っています。

「2016年中国高齢者金融発展報告」によると中国の65歳以上の高齢化は、2030年に総人口の20・2％にあたる2億8000万人となり、55年には27・2％で4億人に上るといいます。つまり、30年には5人に1人、55年には4人に1人が高齢者となるのです。

一般的に高齢者は若者より消費が少ない。くわえて人口抑制をとっていた中国の場合、街づくりやインフラなど高齢化への対応が日本よりもさらに遅れています。年金や社会保障も整備されていません。中国政府は慌てて、16年の春に1人っ子政策を廃止し、「2人っ子政策」を導入したものの、思うような効果は表れていません。

それより深刻なのは、男性が女性より異常に多い「男性過多」という状況です。結婚相手のいない独身男性が3400万人に上っています。

1979年以来、35年もの間1人っ子政策をとっていたため、女子が生まれても「死産」ということにして男の子を望みました。そのため、男女比がこのように歪《いびつ》になってしまったわけです。

元中国人で日本に帰化された評論家の石平《せきへい》氏に聞くと、現実の適齢期の中国人男性が抱える厳しさは想像をはるかに上回っていました。

3400万人の男性過多を、中国14億人という総人口の括りのなかで男女比率に直すと「105対100」になります。これを聞かされると、なんだそんなものなのかと逆に拍子抜けしてしまうのですが、違うのです。本来これは総人口で括っては意味がない。結婚適齢期の男女比で考えなければならないのです。

石平氏によれば、80年代出生の適齢期の男女比率はなんと「136対100」。100人の女性に対し男が136人もいるのですね。80年代出生の中国人男性は、理論的には136人のなかの36人が一生結婚できません。

だから中国では「多夫一婦制」という異様な論議まで出てくるわけです。

石平氏によると、中国では結婚できない男性3400万人がことさら話題になっており、一部メディアが彼らを「余剰男」と称したのをきっかけに、「余剰男3400万人」が流行語となってしまったといいます。

中国の余剰男3400万人は様々な問題を引き起こしているようです。石平氏はこう語っています。

「結婚相手に払う結納金の相場が無茶苦茶に上がっている。地域により異なるのだが、たとえば湖南省、山東省、浙江省などの相場は10万元（約160万円）。全省の農村部の平均も10万元程度となっているが、それは、陝西省農村家庭の平均年収の10倍以上にもなる金額だ。日本の感覚でいえば数千万円以上か億単位のお金を出して嫁をもらうことになっているわけである。

それが旧満州の東北地方や江西省、青海省となると50万元台に跳ね上がっている。上海や天津の大都会になると、なんと100万（約1600万円）元台にまで急騰している」

これはもはや「人身売買」同然です。それで実状はどうかといえば、農村にいる適齢期の女性はリッチな都市部の男性と一緒になるケースが増えていることから、深刻な嫁不足にさらに拍車がかかっているそうです。

かねてより新疆ウイグル自治区では移住した中国人男性とウイグル人女性との強制婚姻の報道がなされていますが、これは中国政府の民族浄化政策と同時に、余剰男対策でもあるわけです。

科挙試験が育んだ中国のコピー文化

いま日本においては東京医科大学にはじまる不正入試問題の話題でもちきりですが、中国の大学受験も大変です。2017年の受験者数は940万人にものぼりました。全受験生が目指すのは国内1219校の4年制正規大学のうち、わずか88校しかない重点大学。中国では政府が全国の4年制正規大学をランク付けして「重点大学」と「非重点大学」に分類しています。重点大学とは、中国政府が「質が高い」と認定して重点的にバックアップする大学のことなのです。いわゆる政府お墨付きの大学。

　このテーマについても詳しい石平氏は語ります。

「重点と非重点の間には天と地ほどの差がある。重点大学を卒業すると、就職活動において非重点大学より断然優遇されるし、重点大学卒業の経歴は一生の財産となる。つまり、人生が決められてしまう。何としても重点大学に入ることは、全国の受験生とその家族の切実な思いである」（『アメリカの本気を見誤り、中国を「地獄」へ導く習近平の狂気』ビジネス社）

　その結果、全国の１０００万人近い受験生たちは、わずか88校の重点大学を目指して争うこととなるから、中国の受験戦争の激しさは並み大抵ではありません。

　中国には悪しき儒教的伝統が色濃く残っています。大昔から体を動かして仕事する職人がさげすまれる一方、頭を働かせて人の上に立つ「読書人」が尊重されるのです。歴史をひも解いてみると、政府の官僚＝読書人なのです。あの李白も杜甫も官僚でした。

　毎年の入試においては、合格するために不正行為があちこちで行なわれるのですが、一番多いのは「替え玉受験」だそうです。プロの受験屋や重点大学に在籍する現役の大学生を雇い、受験生本人になりすまして試験場に入り、受験生の代わりに試験を受けるのです。中国のことですから、試験場の責任者や入試の監視官を買収して、替え玉受験を敢行することもあるといいます。

昔の中国の科挙試験の首席合格者が「状元《じょうげん》」と呼ばれたのをご存知でしょうか。いまも中国では、各地方で実施された大学統一試験でのトップ合格者を「統一試験状元」と呼んで、大いに持ち上げる習慣が残っています。

状元となった受験生とその担任教師が地方当局や学校から賞状と賞金をもらうのはふつうで、状元のために盛大な祝賀会を開いたり、公衆の前で状元に赤絨毯を歩かせたりする地方もあるそうです。

ただ、私は状元そのものに疑問をずっと抱いていました。なぜなら、大昔の科挙試験からそうなのですが、中国の試験は過去の偉人がどんな詩を詠んだのかを問うのをはじめ、すべて知識の暗記を測る問題で、創造性や応用性が問われないからです。これだから中国はコピーばかりするのだと思った次第です。中国のコピー文化は科挙試験が育んだのかもしれません
石平氏が言います。

「中国流の受験戦争に嫌気がさしたのか、最近、高校を卒業したら進学受験をせずに海外

留学の道を選ぶ若者が増えている。海外留学の道を選んだ高卒生は毎年20万人にも達しており、毎年20％以上の伸びを見せている。要は若者に現代版科挙試験はそっぽを向かれているのだ」

さもありなんといったところでしょうか。

たとえ出産奨励策を実施したところで、少子化はすぐに解消されるはずがありません。そうでなくても、少子化対策は時間がかかるうえ、男女比のアンバランスがすぐに解消されるはずもないからです。冗談ではなく「多夫一婦制」にでもしなければ生涯独身男性は減らないでしょう。

食糧問題、自然破壊でも発展しない

これは私が何度も指摘していることですが、地球上の資源量の問題から「中国が市場としてこれから発展しない」と明確に断言することができます。簡単なことで、仮に14億の中国人全員が日本人と同じレベルの生活を行なおうとすれば、地球が3個分なくてはならないからです。つまり資源が足りないという物理的な問題です。

また、環境破壊の問題も深刻です。中国では火力発電の約9割が石炭で、これ以上化石燃料を使用すると、ただでさえ深刻なPM2・5は取り返しのつかないレベルとなるでしょう。実際、酸性雨で森林がどんどん枯れていって砂漠化が進んでしまっています。

すでに中国の大豆自給率は94年の94%前後から13%前後まで急激に低下しています。これは環境破壊という要因のほかに、中国人が豊かになって以前よりも多く豚肉を食べるようになり、その豚のエサとして大豆が求められたことにも原因があります。

そのため大豆が足りない中国は米国とブラジルからの輸入に依存していたのです。それにもかかわらず中国は日本に大豆を輸出していたわけです。これでは将来的な先細りが目に見えています。

遺伝子組み換えなどの問題がありますが、中国の汚染された土壌と不透明な将来性とのバーターでいいのでしょうか。これを機に国内での大豆など輸入農産物の日本国内での生産の拡大も重要なのだと思います。

コマツが中国から撤退する一方、トヨタ、日産は3割増の投資という報道を受けて暗澹《あんたん》たる気持ちになりましたが、ここにきてようやく日本企業にも「脱中国」の動きが見られるようになりました。

18年9月22日付「日経新聞」によると、本田金属技術、東芝機械、ＳＭＣ、三菱電機、住友電気工業などが、米国向け生産を中国から他国に移転することを決めています。

本田技研はエンジン部品の他国からの供給を検討、東芝機械は生産を上海からタイに移管、ＳＭＣは一部の生産をベトナムに移管検討、三菱電機は生産を日本に移管済み、住友電気は東南アジアへ移管を検討しているとのことです。

ほかにも、調達先の見直しを検討する企業も相次いでいます。

日本貿易振興機構（ジェトロ）によると、17年度に中国に進出した日系製造業３８０社のうち、平均で輸出金額の６％が米国向けだったといいます。輸送機械では10・３％、電気機械は７・４％と割合が高くなります。こうした企業は早急に見直しを迫られている格好です。

反対に、中国側の米国への報復関税が日本企業にも影響を与え始めています。丸紅は中国向け大豆を米国の代わりに、ブラジルから輸出することを決めました。

しかし、日本企業が容易に動けないのは、企業間の取引の場合、調達コストを下げるため年間契約などの形で事前に価格を取り決める場合が多いからです。調達する側の企業からみると、関税の引き上げが調達価格に及ぶまで一定の時間がかかっているのです。

軍事で中国に圧力をかける安倍政権と新日英同盟

経済界の鈍い動きに比べ、安倍政権は軍事的に中国を牽制しています。防衛省は18年9月17日、13日に海上自衛隊の潜水艦「くろしお」が、中国が軍事拠点化する南シナ海で訓練を行ない、ベトナム要衝にも初寄港したことを公表しました。

潜水艦の訓練は秘匿で行なわれるのが通例なので、これは異例の公表であり、しかも南シナ海ということで中国を牽制していることは明らかでしょう。安倍首相も公表するのは初めてですが、これまでも訓練は行なっていたとコメントしています。

「くろしお」は、東南アジア周辺海域で長期訓練中の護衛艦「かが」「いなづま」「すずつき」の3隻と合流し、実戦的な訓練を行なったとのことです。訓練海域はフィリピン西側の公海上であり、中国の「九段線」の内側を通り、17日にベトナム・カムラン湾に寄港しました。

これは南シナ海で中国との領有権問題を抱えるベトナムとの連携を示し、中国の人工島から12カイリ（約22キロ）内の海域を米国海軍が通過する「航行の自由」作戦との連携を示したものでしょう。

一方、航空自衛隊も米空軍との共同訓練を行なっています。

同月27日に、核兵器を搭載できる米空軍のＢ52戦略爆撃機と自衛隊の戦闘機Ｆ15による、東シナ海から日本海にかけての広い空域にわたる大規模なものでした。

Ｂ52との共同訓練は７月に日本海上で行なわれたのが最初ですが、今回は東シナ海ということで、中国に対し日米同盟が強固であることを示したといえるでしょう。

そして日本と米国は引き続き、インド太平洋で連携を取っていくものと思われます。

これまでの両国の協力事例としては、インド太平洋以外の他の東南アジア、南西アジア、及び大洋州の国々においても連携し、連結性向上のためのインフラ開発、ＬＮＧ等のエネルギー供給（日米戦略エネルギーパートナーシップの下でのイニシアチブを含む）、政策立案やプロジェクト開発に関するワークショップや、人材育成を通じた能力構築、法執行、サイバーセキュリティに関する能力構築、防災や災害復興等における支援が行なわれています。

航行の自由作戦にはすでに英国も加わっています。英海軍の揚陸艦アルビオンが南シナ海の西沙（英語名パラセル）諸島付近を航行し、18年9月3日にはベトナムのホーチミンに到着していたと報じられています。

日本とイギリスは「新日英同盟」と言っていいほど急接近しています。17年1月に結んだ物品役務相互提供協定（ＡＳＣＡ）、3月の次世代ステルス戦闘機での技術協力、12月にロンドンで開いた外務・防衛担当閣僚級会議（2プラス2）では、戦闘機に搭載する新型空対空ミサイル（ＡＡＭ）の共同開発で合意しました。

また、同年10月には日本国内で英空軍と初の共同訓練を行なっています。これは米軍以外では初めてのことです。今回英海軍による「航行の自由」作戦もその一環にあるわけです。

イギリスが考えている条件は「香港をふたたびイギリスに戻すことではないか」と、私はにらんでいます。

香港を租借地にして、そのうえでカナダとかオーストラリアにいる中国人たちを戻すのです。これを大義名分にするわけです。

日本は18年の1月にフランスとも2プラス2を行なっており、オーストラリア、イギリスに続き、ＡＳＣＡを署名しています。2プラス2の共同発表文章では、「自由で開かれ

米・イージス駆逐艦「ディケイター」（左）に異常接近する中国海軍の駆逐艦

たインド太平洋」のために日仏両国が協力すると謳われていますが、これは言うまでもなく対中国を念頭に置いたものです。
なぜフランス軍が東シナ海や南シナ海に展開する必要があるのかと思われるかもしれませんが、フランスは現在でも太平洋にあるニュー・カレドニアや、タヒチ島を含む仏領ポリネシアという海外領土を有し、軍が駐留しているからです。
フランスのパルリ国防相は、インド太平洋における重要なパートナー国としてとくに、インド、豪州、日本を挙げており、今年の2月には、仏フリゲート艦「ヴァンデミエール」が晴海に寄港し、海上自衛隊の「ゆうぎり」と日仏合同訓練を行なっています。
また、「航行の自由」作戦も英国とともに実施しているのです。数年前までは経済優先で中国シフトが鮮明だった英仏両国の様変わりは鮮烈です。

フランスは中国包囲網ということで、豪州とも連携をとっています。インドはヨーロッパ方面に向けていた軍隊を中国のインド包囲網「真珠の首飾り」作戦への対抗に振り向けています。

一方、中国軍の軍艦が18年9月末に、南シナ海で「航行の自由」作戦を実施している米軍艦の前方約41メートルまで接近していたことが明らかになりました。通常、他国の軍艦を警戒・監視する場合は2キロ弱の距離をとるので、これは異常接近といっていい距離です。衝突を覚悟せざるをえない距離であり、不測の事態を招く可能性があるからです。

すでに冷戦状態ではあります。ところがこれでは戦争です。運良く衝突が起きなかっただけの話で、衝突すれば即座に全面戦争、そして中国への金融制裁と、経済封鎖が始まります。

日本は、軍事衝突のリスクも念頭に入れておいたほうがいいでしょう。

もし米中紛争が起きるとしたら

もちろん、米中両国ともに第３次世界大戦につながるような軍事衝突は望んでいないでしょう。しかし今後を予測するうえで、いちばん穏健なプランは２つ考えられます。

１つは戦争にはならず、かつての「冷戦」状態で両陣営がブロックしたまま維持されること。もう１つは、短期決戦で終わる部分衝突を意図的に起こして中国を敗北させ、ふたたび自由主義体制のルール下に置くことです。

後者でいちばん簡単なのが南シナ海の人工島での短期的衝突です。なぜかというと、いまなら人工島には民間人がいないからです。米国としては「爆弾の母」と呼ばれるＭＯＡＢ（大規模爆風爆弾）を落とすことができます。

すでに南シナ海の軍事拠点化は進んでいるので、外交レベルでは取り戻せず、軍事行動が必要な段階になっています。中国が圧倒的な支配力を持っていれば、ＭＯＡＢ投下を正当化できるわけです。

そうすれば、中国は敗北を認めざるをえない。問題は敗北するという条件のもとで、中国が何を差し出すかです。しかし、共産党体制の維持は絶対に譲ることのできない一線です。もしそれを行なえば中国は大分裂していくでしょう。

裏目に出ている一帯一路とＡＩＩＢ

中国の一帯一路が失敗している大きな理由の1つには、2年前の2016年に日本で開催されたＧ7伊勢志摩サミット（第42回先進国首脳会議）において、世界各国が協調してインフラ輸出に関して「質の高いインフラ投資の重要性を強調」し、「中国排除」を打ち出したことが効いているからです。

これは日本が中心となって仕掛けたもので、中国包囲網である「自由と繁栄の弧」から始まっていました。

世界銀行やアジア開発銀行（ＡＤＢ）は、中国が進めるような基準を満たさない質の低い投資案件には融資しないとしました。たとえば、中国が進めるインフラ輸出に関して「質の高いインフラ投資の重要性を強調」とクギを刺しています。これまでは日本の対中ＯＤＡ（政府開発援助）や日米が主導するＡＤＢが中国に融資してきたわけです。

中国が運営権を握った主な海外の港湾

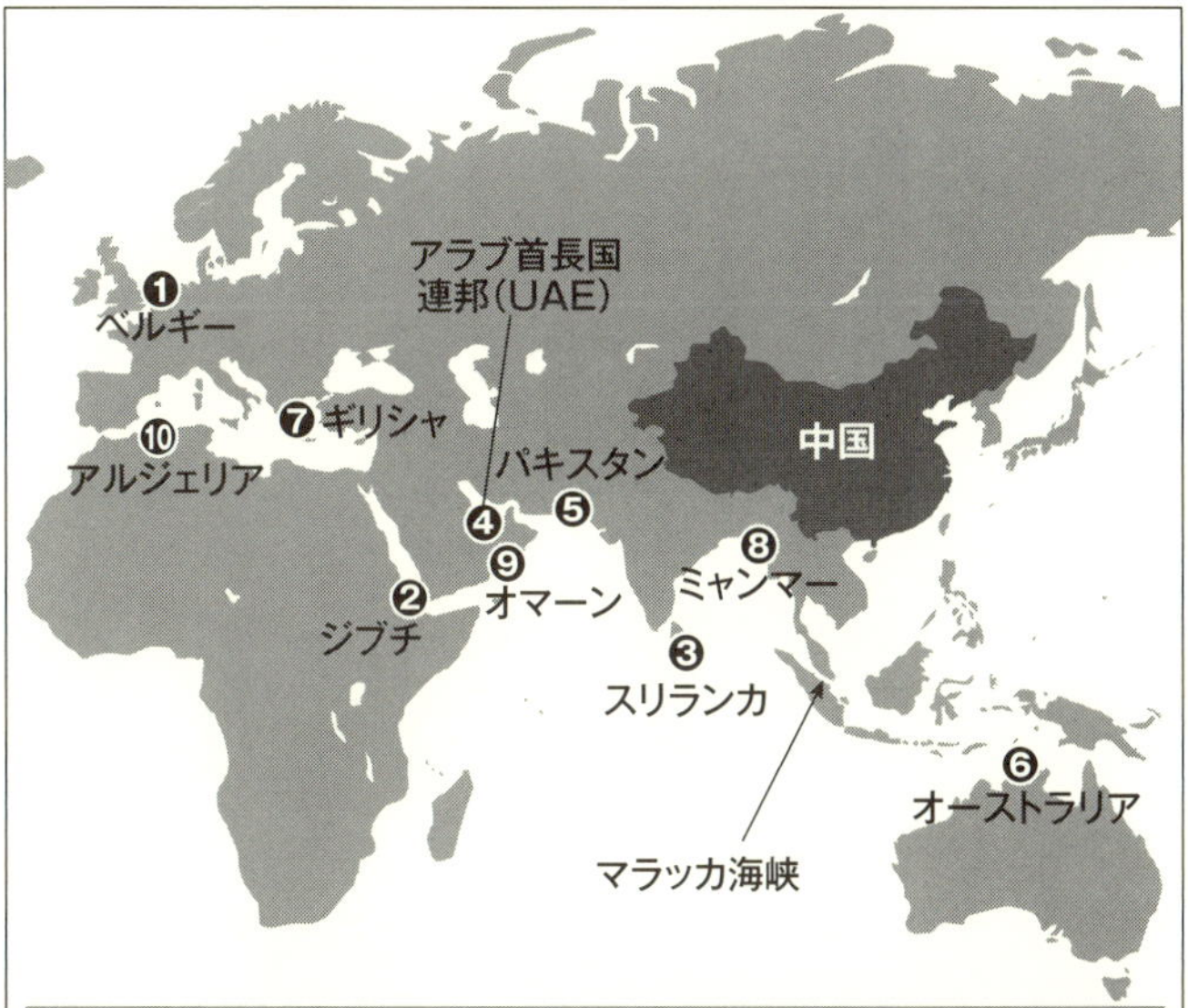

1	ゼーブルージュ港	2017年9月、港湾運営会社を買収
2	ジブチ港	17年8月、初の海軍基地の運用開始
3	ハンバントタ港	17年7月、99年間の運営権取得
4	ハリファ港	16年、埠頭の35年間の利用権取得
5	グワダル港	15年、43年間の用地使用権取得
6	ダーウィン港	15年、99年間の運営権取得
7	ピレウス港	09年、埠頭の35年間の利用権取得 16年、港湾全体の運営権取得
8	チャオピュー地区	大型港や工業団地の整備に協力
9	ドゥクム港	工業団地の整備に協力
10	ティパサ地区	大型港の整備に協力

(注)時期は原則として合意時点、現地報道などから作成
出所：日本経済新聞

世界第2位のＧＤＰを誇る中国に対し、日本は２００８年の3月まで港湾や空港、鉄道の建設、上下水道などインフラ整備を中心に、低い金利でプロジェクト資金を貸し付ける「円借款」を与えていました。

ＡＤＢの最大の融資先は中国です。これが今後とまるということで、中国はアジアインフラ投資銀行（ＡＩＩＢ）を発足しなければならなくなったわけです。

あわせて一帯一路によるインフラ投資です。

ところがこの2つがいま完全に裏目に出ています。中国政府もそれはわかっていて、「一帯一路」を言わなくなっているのです。もちろん、習近平主席が失敗を認めるはずがありませんが、一帯一路の挫折を指摘する声は中国国内で高まっています。

「親中派」を排除する「日米共同声明」の衝撃

18年9月26日の日米首脳会談は、メディアで報じられるよりも、多くの成果を日本に与えたものになっており重要です。今後、対中国における日米＋欧がどのような戦略で動くのかも、見通すことができます。

TAG（物品貿易協定）かFTA（自由貿易協定）かが問題になっていましたが、両者の違いは、FTAが投資、サービスなどのルール分野を含む包括的なものであるのに対し、TAGはまさに物品だけを対象にしたものです。そして、農産物分野をTPP（環太平洋パートナーシップ）過去の貿易協定以上にしないと上限を設定しました。

もちろん、妥協の産物に違いありませんが、一時的とはいえ日本の自動車への制裁関税の回避など日本側の要望がかなえられたといえるでしょう。

トランプ政権は日本との貿易赤字688億ドル（約7兆8000億円）の解消を求めていたわけですが、そのうち500億ドル強が自動車関連でした。そのため、日米首脳会談のまえには、日米貿易戦争の再燃を懸念する声も少なくなかったくらいですから。

また、それよりも重要なのは、日米共同声明の第6項目目です。

6　日米両国は、第三国の非市場志向型の政策や慣行から日米両国の企業と労働者をより良く守るための協力を強化する。したがって我々は、WTO改革、電子商取引の議論を促進するとともに、知的財産の収奪、強制的技術移転、貿易歪曲《わいきょく》的な産業補助金、国有企業によって創り出される歪曲化及び過剰生産を含む不公正な貿易慣行に対処するため、日米、また日米欧三極の協力を通じて、緊密に作業していく。

「第三国」と名指しこそはないものの、中国がターゲットであることは言うまでもありません。

「知的財産の収奪、強制的技術移転、貿易歪曲的な産業補助金、国有企業によって創り出される歪曲化及び過剰生産を含む不公正な貿易慣行」を押し付ける中国から、日米欧で協力して自国の企業と労働者を守ると宣言しているのです。

じつは、これは麻生派の政策提言である「甘利プラン」（第5章参照）がそのまま取り入れられています。米国側に花を持たせたものになっていますが、実質的な日本の勝利と言っていいでしょう。

中間選挙を控え、EUや中国との対立が深まる米国にとって、日本はその仲介役であるとともに、アジア各国との要《かなめ》でもあります。その意味ではこの会談は有益であり、日本にとってもベストなタイミングであったといえるのだと思います。

日本の政界および財界が注意しなければならないのは、貿易戦争にあえぐ中国の日本への急接近を見越したうえで、今回の声明を出したということです。いわばくさびを打たれ

日米共同声明

1　2018年9月26日のニューヨークにおける日米首脳会談の機会に，我々，安倍晋三内閣総理大臣とドナルド・J・トランプ大統領は，両国経済が合わせて世界のGDPの約3割を占めることを認識しつつ，日米間の強力かつ安定的で互恵的な貿易・経済関係の重要性を確認した。大統領は，相互的な貿易の重要性，また，日本や他の国々との貿易赤字を削減することの重要性を強調した。総理大臣は，自由で公正なルールに基づく貿易の重要性を強調した。

2　この背景のもと，我々は，更なる具体的手段をとることも含め，日米間の貿易・投資を互恵的な形で更に拡大すること，また，世界経済の自由で公正かつ開かれた発展を実現することへの決意を再確認した。

3　日米両国は，所要の国内調整を経た後に，日米物品貿易協定（TAG）について，また，他の重要な分野（サービスを含む）で早期に結果を生じ得るものについても，交渉を開始する。

4　日米両国はまた，上記の協定の議論の完了の後に，他の貿易・投資の事項についても交渉を行うこととする。

5　上記協定は，双方の利益となることを目指すものであり，交渉を行うに当たっては，日米両国は以下の他方の政府の立場を尊重する。
　ー日本としては農林水産品について，過去の経済連携協定で約束した市場アクセスの譲許内容が最大限であること。

　ー米国としては自動車について，市場アクセスの交渉結果が米国の自動車産業の製造及び雇用の増加を目指すものであること。

6　日米両国は，第三国の非市場志向型の政策や慣行から日米両国の企業と労働者をより良く守るための協力を強化する。したがって我々は，WTO改革，電子商取引の議論を促進するとともに，知的財産の収奪，強制的技術移転，貿易歪曲的な産業補助金，国有企業によって創り出される歪曲化及び過剰生産を含む不公正な貿易慣行に対処するため，日米，また日米欧三極の協力を通じて，緊密に作業していく。

7　日米両国は上記について信頼関係に基づき議論を行うこととし，その協議が行われている間，本共同声明の精神に反する行動を取らない。また，他の関税関連問題の早期解決に努める。

日中間にくさびを打つ日米共同声明

たわけです。

日本の政界や財界には「親中派」が巣食っています。あるいは安全保障を度外視して経済を優先しようとする企業家も少なくありません。本来、外圧に左右されるのは望ましくないですが、外圧を使わなくては動かないものもあり、この声明は自民党内と国内外の親中派を排除する理由にはなるでしょう。

日米共同声明の本質は中国包囲網をつくるということです。声明の精神に反して、つまり、政財界が日中の経済協力の強化を求めれば、今度は日本の自動車や機械などが課税対象になる、よくできた罠《わな》と見るべきです。

第4章

ヨーロッパ・中東の危機

米国がイランとの核合意を破棄した背景

日本人からすると朝鮮半島情勢、中国、せいぜいロシアしか視野に入ってこないものですが、米国にとってより重要なのは中東・アラブ情勢です。何よりも米国の基軸通貨体制を支える産油国があり、イスラエルがあるからです。

トランプ大統領の支持者がキリスト教福音派であることは前に述べましたが、17年12月に長年にわたる米国の政策を転換し、テルアビブではなくエルサレムをイスラエルの首都と認める決断を下したのも、イスラエルを重視しているからです。当然、パレスチナが猛反発しています。18年になって米国の在イスラエル大使館をエルサレムへの移転を実行しています。

イスラエルのネタニヤフ首相は「ユダヤ人が3000年間、エルサレムと呼ばれる地を首都としてきたことを反映するものだ」と喜びを隠しません。

半面、アラブ世界は猛反発し、欧州諸国が動揺しているのもまた事実です。

トランプ政権はオバマ前政権のイラン宥和《ゆうわ》政策を転換、従来のスンニ派国家であるサウ

中東の地図

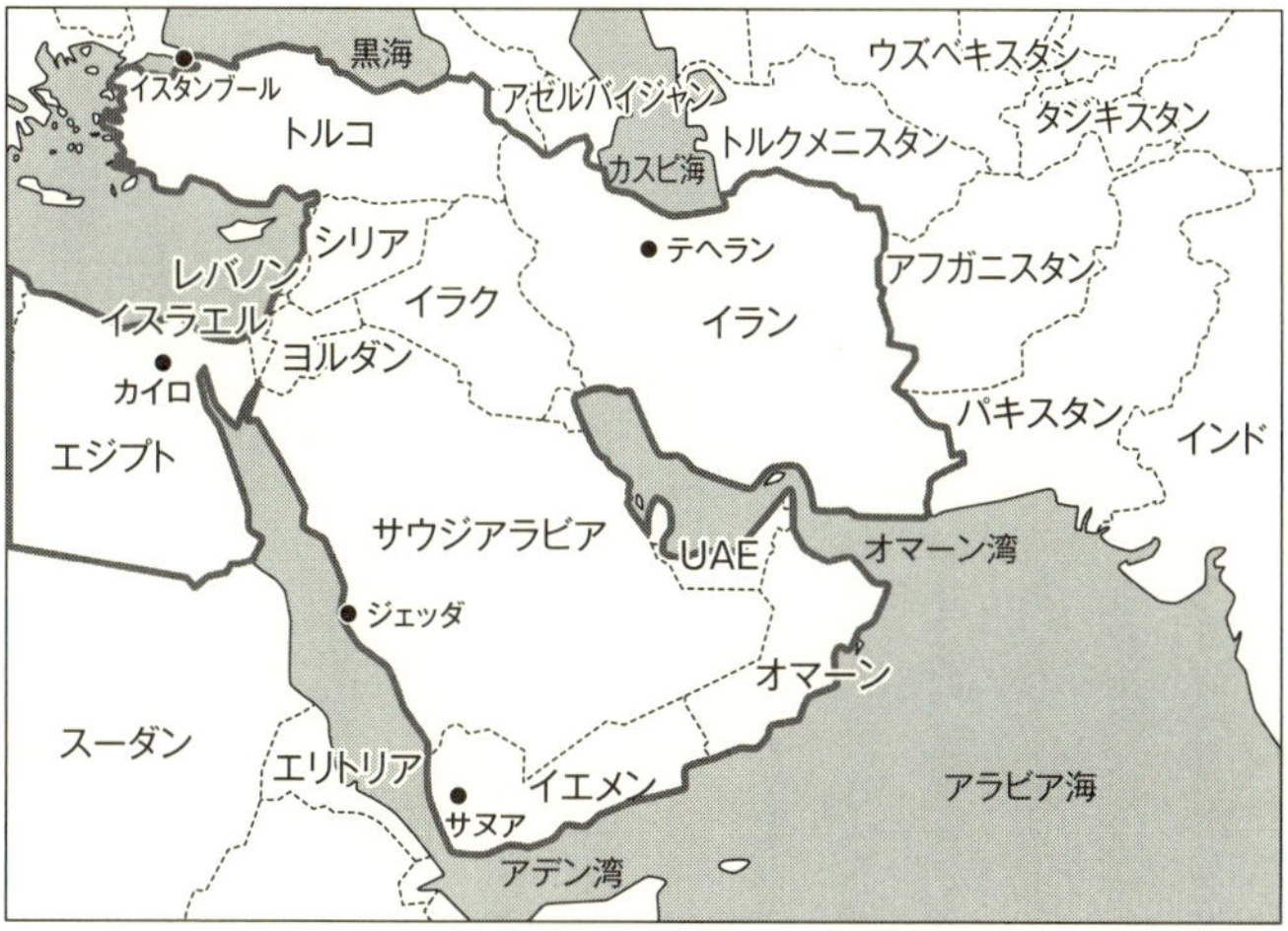

ジアラビアとの関係を改善し、シーア派国家の代表格であるイランとの核合意を破棄しました。

15年に結んだイラン核合意は、核開発を大幅に制限する見返りに、経済制裁を緩和するというもので、イランが米英仏独露中の6カ国と結んだものでした。トランプ政権はそれを破棄し、新たな核合意を取り付けるため経済制裁を復活させましたが、合意後にイランとの貿易を行なっていた関係国からすればいい迷惑です。

しかし、米国のいうことを聞かないと金融制裁を受けるため、ヨーロッパの多くの国は、しぶしぶながらイランから撤退しています。たとえば、フランスの巨大石油メジャー・トタルもイランとの新油田開発の交渉をしていましたが、今年3月に撤退を決めました。

そうしたなかにあって、反発しているのが中国とロシアです。

ロシアの企業は石油採掘装置の販売を開始し、ロシア国営石油会社もイランの油田開発に投資しています。そして中国の企業も、油田や天然ガス田開発を共同ではなく、単独で行なっています。

ここで、スンニ派、シーア派など中東・アラブ諸国および欧米露の対立の構造と勢力関係の変遷を整理しながら、激震が走る中東情勢を展望したいと思います。

まず、最初に指摘したいのは、イスラエルとパレスチナの宗教対立ばかりが取りざたされる中東ですが、スンニ派、シーア派は、同じイスラム教ではあっても異教徒といっていいほど対立が根深いのです。日本人からするとキリスト教とイスラム教との闘争もよく理解できないのですが、それくらい違うと見たほうが間違いないでしょう。

多数派のスンニ派は世界のイスラム教徒の85％を占めます。サウジアラビア、カタール、アラブ首長国連邦（ＵＡＥ）、ヨルダン、エジプト、トルコ、そしてシリアなどです。

一方、シーア派が多数の国はイラン、イラク、レバノンしかありません。

アラブ諸国を見るうえでとくに需要な国は、スンニ派の大国サウジアラビアと、シーア派の雄イラン、イラクです。この3国の動向は常に注意が必要です。そして争いの絶えない中東のなかにあっても、中東のあらゆる対立を1国に宿しているのがシリアです。したがって、シリアの政治状況を見れば中東アラブ情勢全体が見えるのです。

シリアを支援しているのがシーア派のイランのため、同国をシーア派と勘違いしそうですが、じつはシリアの宗教構成は90％のイスラム教徒のうち、スンニ派が約8割もいて、アラウィ派およびドルーズ派などのシーア派は16％にすぎません。

アサド政権は少数派のアラウィ派（シーア派）ですから、シリアというのは人口の2割に満たないシーア派系の政権が多数派であるスンニ派の国民をまとめているという、歪《いびつ》な国家体制なのです。ですから国内にもともと火種はありました。

くわえてシリア周辺のスンニ派諸国、特にサウジアラビアはシーア派のアサド政権が権力を握っているのが気に入りません。一方、シーア派のイラン・イラクはシーア派体制を維持したい。シリアをめぐりサウジとイランが対立しており、サウジを支えているのがアメリカ、イランを支えているのがロシアという構図です。

したがって、オバマ前政権がイランと核合意を結ぶというのは、サウジを筆頭としたスンニ派諸国にとっては絶対に容認できないことだったのです。

イランと中国の蜜月関係

もともと反米国家であったイランは、必然的に旧共産圏諸国と近く、軍事や経済において深い関係を築いてきました。ある意味、北朝鮮と同じといえます。

実際、北朝鮮とシリア、イランは共同の核開発を行なっており、「悪の枢軸」として米国の制裁対象になっていました。オバマ前大統領はそれを緩和したわけですが、この合意をイランが守る保証はなく、オバマ政権はサウジやUAEの大反発を受けていました。したがって、トランプ大統領の行動はこれを元どおりにしているだけ、と言えるのです。

じつはイランと中国の関係はサウジと米国との関係に似ていると、言っていいほど深いものがあります。したがって、イランの背後には中国が存在し、北朝鮮問題と同様に米中の代理戦争といった側面もあるのです。

前述したように中国はイランへの制裁復活に反対し、イランでの原油開発を継続すると公言しています。米国はなおも圧力をかけますが、中国もそれを曲げない。可能性として考えられるのは、米国はすでにロシアとの兵器取引を理由に、人民解放軍の武器管理部門とその責任者の口座を凍結したように、今後はイランとの取引も、金融制裁の対象に加えるのではないか、ということです。

石油の決済はドルで行なわれるので、米国の金融制裁＝石油の禁輸を意味します。しかし中国はこれまでも抜け道を探ってはイランとの取引を続けていたのです。たとえば、2012年の米国のイラン制裁の際には、「中国石油天然気集団公司（CNPC）」傘下のクンルン（崑崙）銀行が米国の要請を無視しました。クンルン銀行は米国を活動拠点としていないため、制裁するのが難しかったのです。そして、イラン中央銀行はこのクンルン銀行に口座を持っています。

しかし、それでも制裁は不可能ではありません。外為業務を行なうためには海外支店と海外での銀行免許が必要であり、クンルン銀行はニュージーランドで銀行免許を取得しています。

そこで米国は第1段階として、ニュージーランドのコルレス先（為替契約先）であるHSBC（香港上海銀行）に圧力をかけ、ドル決済を禁止させたうえで、親会社である「中国石油天然気集団」をドル取引禁止の対象にするのでしょう。ただし、これを行なえば戦争状態になるのは必至なので、緩やかかつ段階的に行なうことになるのでしょう。

米国の制裁による危機に陥ったトルコ

そのイランと、そしてシリアと国境を接するトルコはスンニ派ですが、ヨーロッパからの入口ということもあって、キリスト教徒も少なくない。そしてクルド族も多いのですが、トルコはクルド民族そのものを否定し、ジプシーと決めつけて弾圧しているため、混乱が絶えません。

クルド族というのは、人口2500万もの人々がいながら、国家を持つことができない最大の民族で、トルコ、シリア、イラン、イラクとバラバラに住んでいます。したがって、国家建設が民族の悲願であり、クルド族はそれぞれが住む国に同化することを拒否するのです。そのため、居住国の政府から弾圧を受けています。

スンニ派が多数派であるトルコは、シリアに対しては当然反アサドの立場で、米国と協力していました。ところが、その米国がトルコが弾圧するクルド武装勢力に武器供与をし

新興国通貨のなかでもトルコ・リラの対ドルでの下落が目立つ

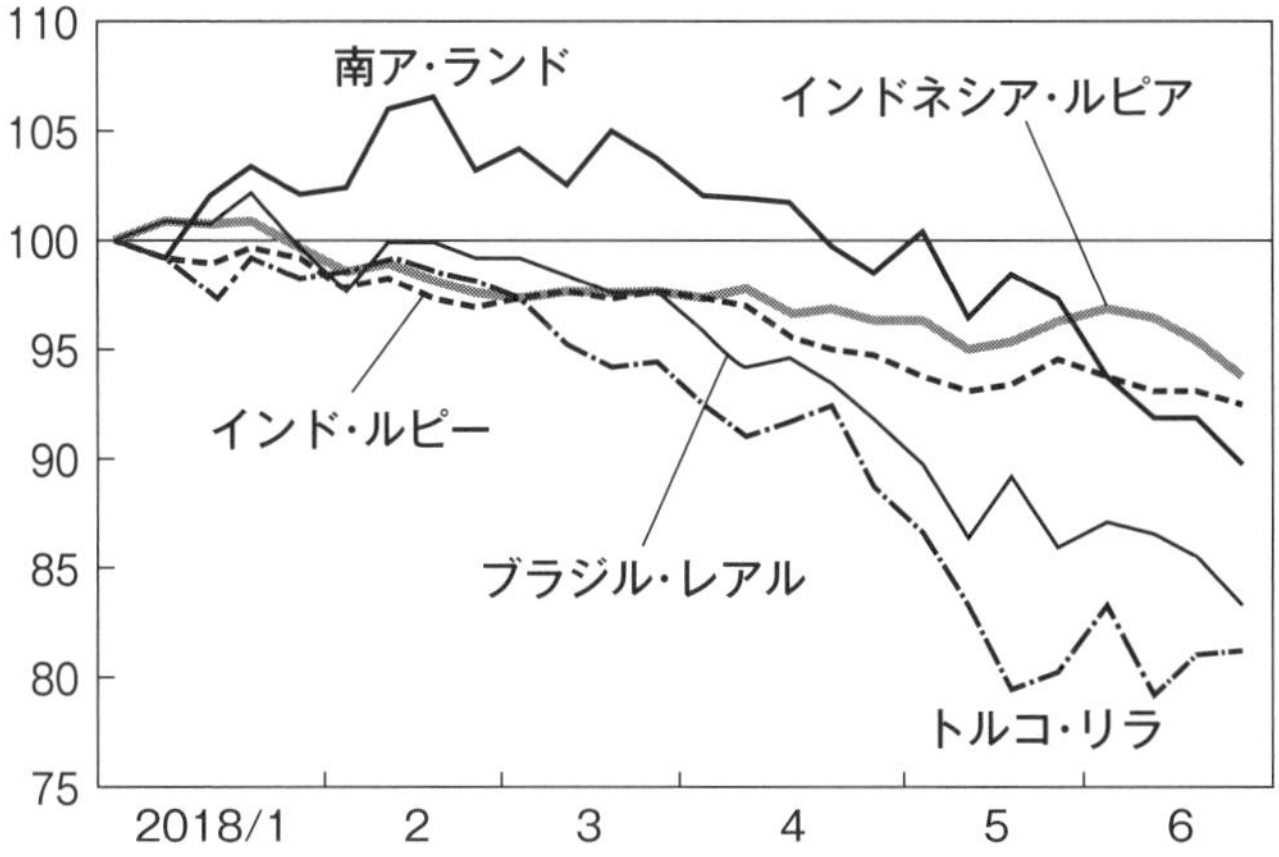

(注)2018年1月第1週を100として指数化

ため、トルコは一転して反米となりました。

米国はエルドアン政権にクーデターを起こそうとした首謀者とされる、在米イスラム教指導者ギュレン師を保護しています。一方、トルコはクーデター計画に関与したとして、米国共和党の支持母体でもある福音派の牧師を監禁し、米国との関係が悪化していました(18年10月12日に釈放)。

米国がトルコ制裁として鉄鋼・アルミ関税を引き上げたことで、トルコ・リラが暴落、前年比で半分近くまで下落しました。

ところが、エルドアン大統領が行なった経済政策は「景気刺激のための金利引き下げを目指しながら、物価上昇と通貨安に歯止めをかける」という、経済的原則として矛盾するものだったのです。

金利を下げて通過を増やす量的緩和により物価上昇、つまりインフレが起きますが、同時に海外に資金が流出します。そのため通貨が下落し、輸入物価が上昇すします。あげくに通貨危機を収束させなければならない財務大臣に娘婿を登用し、中央銀行総裁も自ら選ぶとしたため、投資家がいっせいに逃げだしました。

直近のトルコのインフレ率は24・5％（10月9日）で、政策目標金利は24％（9月13日）です。これが国内経済を圧迫していることはわかりますが、経済原則に逆らった金融政策は通貨のいっそうの暴落を招き、国の破綻を導くだけです。

またトルコ不安により、同国に進出し、トルコ資産を保有しているスペインＢＢＶＡ（ビルバオ・ビスカヤ・アルヘンタリア銀行）、イタリアＵＮＩ（ウニクレディト）、フランスソシエテ・ジェネラルにも、信用不安が波及しています。取引をリラ建てで行なっている日本企業も被害を受けています。三菱商事と三菱ＵＦＪリースがトルコから撤退していますす。この流れは続くものと思われます。

欧州の金融界はいまだ欧州危機の影響から抜け切れず、再建途上にある銀行が多く、不良債権化したときの影響が強く出る構造にあります。これはドイツ銀行問題とともに大きなリスクになりつつあります。中東の混乱が欧州の混乱に拍車をかけている構図です。そしてこの混乱に乗じて中東での支配権を一気に高めたのがロシアです。

米国とトルコの関係は我慢合戦の様相を呈しています。米国がトルコに対する鉄鋼アルミ関税を引き上げたのに対し、トルコも報復関税を発表、先の見えない状態になっていました。それでも前述したように米国人牧師を釈放したり、米国との関係改善をはかろうという動きも見えなくもありませんが、まだ予断を許さない状況です。

トルコには米軍のインジルリク空軍基地があり、ＮＡＴＯ（北大西洋条約機構）の中東戦略の要でもあり、ロシアへの橋頭堡《きょうとうほ》です。

インジルリク空軍基地は、アラブ諸国のなかでも湾岸諸国に近いことに加え、イランに隣接していることから、同基地に対し米国をはじめＮＡＴＯ諸国が高い評価をしていたのです。しかし、エルドアン政権に替わり、ドイツ軍がこの基地から撤退を始めるなど、軍事的関係も悪化しました。

すでに米国はイラクやシリアなどにも基地を建設しており、トルコ撤退も視野に入れた動きを示しています。このような状況のなかで、今回の対立が起きているわけです。

しかし、たとえ撤退が視野にあるとしても、トルコがロシアの影響を受けるのは望ましくありません。ＥＵとしても、難民の引き受け手であり、難民キャンプがあるトルコの役割は非常に大きいのです。

欧州は難民問題の解決策として、トルコに難民を送り返し、トルコに対する経済支援とＥＵへの将来的加盟を約束していた経緯もあります。トルコの混乱は欧州への難民大移動を招き、ことにトルコからの移民が多いドイツの混乱を意味するのです。

米国・トルコ対立にともなうロシア・トルコ接近がどこまで進むのかを注視する必要があるでしょう。本来、隣国であるトルコとロシアは犬猿の仲で、何度も戦争を行なってきた歴史があります。トルコが親日である大きな理由の１つに日本がロシアに勝った日露戦争の影響があるほどです。そうしたロシアとトルコが接近するのですから、中東情勢は摩《ま》訶《か》不思議といっていいでしょう。いずれにせよ、ロシアが中東欧州情勢のかく乱要因となっているのです。

サウジとカタールがはらむリスク

一方、日本にとっても看過できないのは、湾岸諸国であるサウジアラビアとカタールの動向です。日本にとってサウジは原油の最大の輸入先であり、カタールは液化天然ガス（ＬＮＧ）の最大の輸入先です。とくに３・11以降の原発停止により、火力発電に頼っている日本にとって、両国は生命線です。ところが、そのサウジとカタールが２０１７年に断交して以来、関係は悪化の一途をたどっています。

カタールがサウジアラビアを中心としたペルシャ湾岸諸国――ＵＡＥ、バーレーン、エジプトの４カ国から断交を表明されたのは、敵対するムスリム同胞団への支援や、イランへの接近を理由にされてのことでした。その後、４カ国はカタールに対し、衛星テレビ局アルジャジーラの閉鎖、カタール国内のトルコ軍基地の活動停止、イランとの外交関係の縮小、過激派組織との関係断絶などを要求するも、カタールはそれを拒否し対抗措置に出たため、以来、湾岸諸国から孤立化していました。

その孤立したカタールに手を伸ばしたのがトルコとイランです。

とくにトルコは、カタールとの輸出入を拡大し、合同軍事演習を実施します。そして、カタール内にトルコの軍事基地を置く協定も結んでいます。カタールはいま完全にサウジから離れ、トルコへ傾斜しています。

ただし、前述したようにトルコとイランは米国と対立関係にあるため、米国がイランやトルコへの制裁を強化した場合、それがカタールにも及ぶリスクが高まっているのです。

一方のサウジアラビアにも激震が走っています。サウジの反体制派記者ジャマル・カショギ氏がトルコのサウジ総領事館に入ったまま消息を絶ち、殺害された問題です。国際社会から、かつてないほど大きなバッシングを受けています。サウジアラビア政府が関与していた場合、サウジに「厳罰」を与えるとトランプ大統領も表明していますが、もしそうなれば、ただでさえ原油安による財政難に悩んでいたサウジは、内部崩壊しかねないでしょう。

しかもムハンマド皇太子による、汚職の払拭を名目にした恐怖政治で、王族内での対立が先鋭化しています。さらに石油依存の経済構造を変える戦略の一環として、２兆ドルの価値があるというサウジアラムコの新規株式公開（ＩＰＯ）も中止となり、通貨リヤルの売り圧力も加わり、混乱が増しています。

もともとサウジアラビアというのは、王族が石油収入により不満を抱える国民をまかなってなんとかまとめてきたような国です。失業率は高く、公務員は腐敗しきっており、国民はまともな高等教育を受けることもできません。しかも近年急激に人口が増えているため、石油収入ではまかなえなくなっていました。だからこそムハンマド皇太子は改革をし

サウジアラビアをめぐる各国の立場

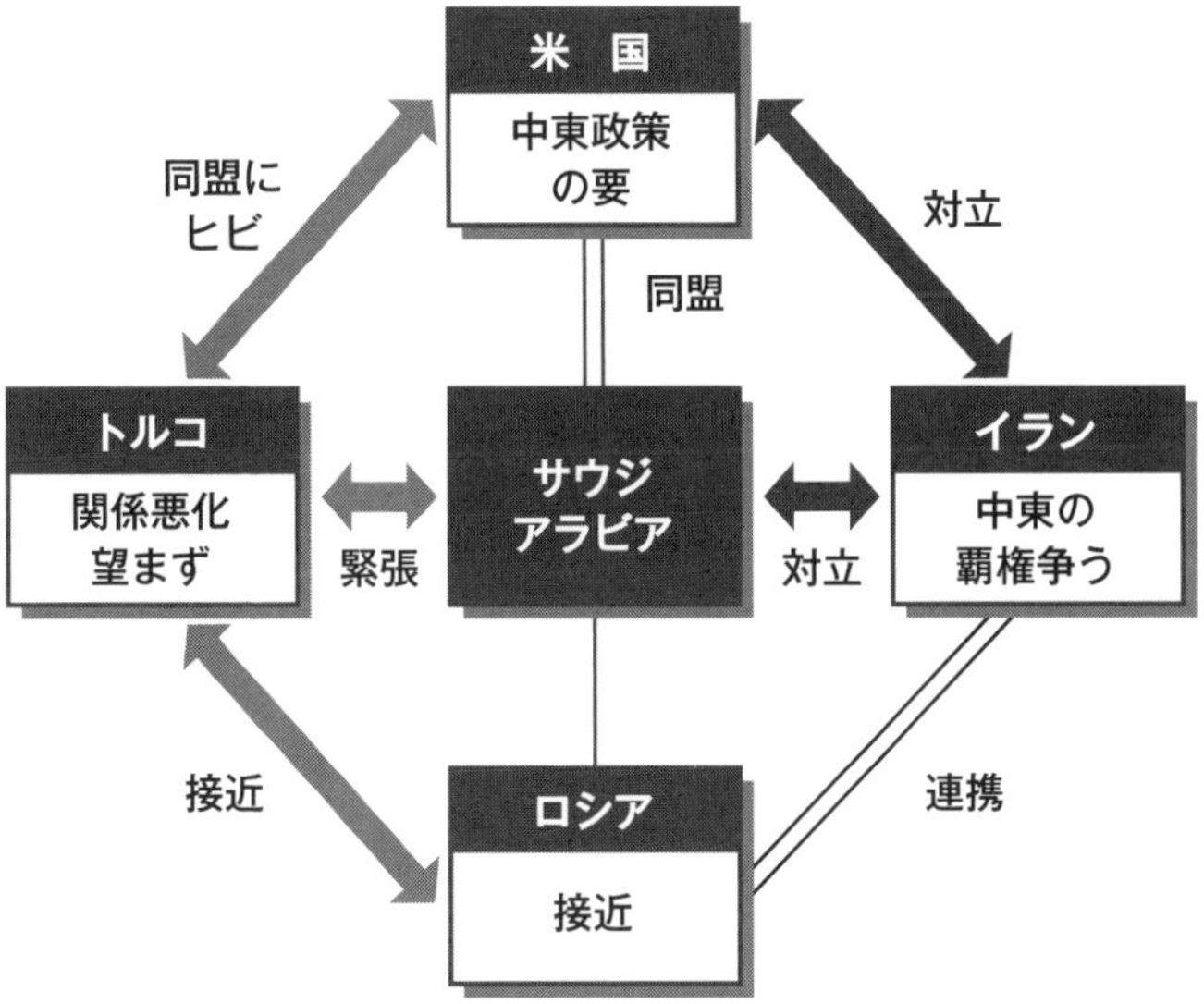

ようとしたのですが、それも頓挫《とんざ》した格好です。

また、安全保障にしても、石油のドル決済を遵守するとの条件で米国が守ってきました。2015年のから始まっているイエメンとの紛争でも自国の兵士が逃げ出し、傭兵《ようへい》を雇わなければならない始末です。紛争が長期化しているため、その費用が重荷になっています。

したがって米国との関係に亀裂が走れば、内部崩壊し、イランとのパワーバランスが一気に崩れかねません。

万が一、サウジが崩壊すれば、中東情勢にさらなる混乱を招くことになるでしょう。

最悪の状況にある米独関係

次に、中東アラブ情勢の影響をまともに受ける欧州情勢を見ていきましょう。欧州も米国との貿易摩擦、金融危機、移民・難民問題、英国ブレグジットにはじまるナショナリズムの台頭と、いつ崩壊してもおかしくない情勢です。

そのなかでも幸い、米欧貿易摩擦交渉は、欧州側の譲歩によりリスクが軽減されました。ただし自動車に関しては、関税をかけるということでドイツが狙い撃ちにされたかたちになっています。

以前からトランプ大統領はドイツ車を目の敵にしてきました。その意味では米国の思惑どおりの展開といったところでしょう。ドイツは米国の批判を繰り返し、メルケル首相とトランプ大統領は最悪の関係になっています。半面ドイツは中国排除の潮流のさなかにあって、逆流するかのように中国との連携を強め、あたかも「独中連盟」といった体です。

18年7月6日には訪独した李克強首相とメルケル首相が会談を行ない、シーメンス、フォルクスワーゲンなどドイツ企業が中国と２００億ユーロ（２３５億１０００万ドル）規模の取引に合意しています。

そして独中両国は、共同記者会見でトランプ大統領を「保護主義」と呼び牽制していま す。しかし、それよりも特筆すべきは、中国人民銀行（中国の中央銀行）とドイツ銀行との合意です。今後、中国に進出しているドイツ企業や団体が、人民元建て債券を発行できるようになるのです。ドイツは中国と心中覚悟のうえなのでしょう。

その一方で、ドイツは日本に対するアプローチも強めています。しかし日本にとって、ドイツと組んだところでよいことはなく、ここは静観すべき局面です。

日本とドイツは産業的にも技術的にもライバルであり、ドイツが米国から排除されれば漁夫の利を得ることができます。だからといって、米国と一緒になって目立てば、日本が叩かれるだけなので黙っている、あるいは米独の仲裁役に徹するのが無難でしょう。安倍総理はまさにそれを実行しているのです。

現在、ドイツ銀行がさらなる窮地に立たされています。デンマーク最大手ダンスケ銀行の最大２３４０億ドル（約26兆３０００億円）という巨額のマネーロンダリングが発覚し、ドイツ銀行や国際金融市場シティの関与も疑われているからです。

この取引に関してはロシアの案件が含まれている可能性があり、その場合ダンスケ銀行は米国から金融制裁が課せられる可能性が出てきました。

メインはエストニアの支店を利用したものと言われており、これを機にマネーロンダリングの拠点であるといわれている、バルト3国の実態がさらに明らかになるかもしれません。18年2月に北朝鮮とのマネーロンダリングで、口座封鎖、廃業に追い込まれたラトビアのＡＢＬＶ銀行も、コルレス先はドイツ銀行であり、今回の案件も含めて米当局からドイツ銀行に対して厳しい制裁が出る可能性が出てきました。

ドイツ銀行は相当危ないと見たほうがいいでしょう。

英国ブレグジットの混乱

英国の問題は、言うまでもなくブレグジットです。「ソフトブレグジット」案が否定され、「ハードブレグジット」が下院で決議されましたが、興味深いのは、やはり国際金融市場シティの地位がどうなるかです。

英国は非ユーロ圏でありながら、欧州の銀行監督機構の本拠地でドル、ユーロ取引の拠点でもあります。英国が現在の地位を失い、英国の銀行が欧州で自由に取引できなくなれば、英国のダメージは当然として、それ以上にユーロも大きなダメージを受けることになります。

欧州の銀行が保有するドル建て債権と債務は英国市場を通じてのものだからです。また英国は「ペトロダラー」と呼ばれるオイルマネーの拠点で、中東資金の運用先でもあります。したがって、ドイツなどはこれを奪おうと必死ですが、簡単にはいかないでしょう。しかし時間的猶予はなく、19年3月29日のタイムリミットが迫っています。

また、メイ政権の最大かつ最初のハードルがアイルランド国境問題です。

英国領である北アイルランドとアイルランドは同じ島にあり、政治国境はあります。ただし自然国境はないに等しい。そして英国のEU加盟により、国境は撤廃され、関税もなくなったわけです。しかしブレグジットにより、国境をめぐる問題が再燃しています。

アイルランドの通貨はユーロであり、ここの往来の自由を認めれば、ブレグジットの意味がなくなります。とくにEU側としては、いったんアイルランドに入れば、域内の往来の自由があるため、関税をかけることができないわけです。

一方、英国側は、紛争を繰り返して保持してきた北アイルランドを手放すことは決してないでしょう。そして膠着《こうちゃく》状態のまま時間切れが刻々と近づいているのがいまの状況です。

ブレグジッドに関しては英国内でも批判があり、だからといって、いまさらそれを撤回するわけにもいかず、現状のままでも「モノ」に対して関税をかけるしかないのでしょう。そして「ヒト」に関しても、アイルランド島からブリテン島に入る際にチェックするしかないでしょう。しかし、それではＥＵ側にうまみがないので、ＥＵは英国に制裁処置をとる可能性が指摘されています。

いずれにせよ両者に歩み寄る気配はいまのところ見えません。このように欧州は仲良しクラブではなく、争いの絶えない「戦争の歴史」の地であることがうかがわれます。

ドイツはイタリアを許さない

英国に限らず、ＥＵ離脱の動きは欧州全体に広がっています。

イタリアの「五つ星運動」と同盟はユーロ懐疑派であり、ＥＵ離脱も辞さないとして選挙に勝った政党です。そして、歳出拡大を選挙公約に謳ってきました。そのため、予算案で3年間の財政赤字を対国内総生産（ＧＤＰ）比2・4％として、財政出動をするとしています。

しかし、ただでさえ財政規律に厳しいドイツがそのような放漫財政を許すはずはないし、ＥＵ本部のブリュッセルもそれを許しません。イタリアにこれを認めてしまうと、他国も同様の処置を求めてくる可能性が高くなるからです。さらに統一通貨であるために、ユーロ全体の信用を失わせかねない構造になっています。

しかし、ＥＵ側には批判はできても法的にこれを阻止する方法がありません。この解決方法としては、ＥＵの最終統合を行ない、それぞれの国家をなくすしかありませんが、それを決行すればＥＵは瓦解《がかい》するでしょう。

国家の最終統合とは主権をなくすことであり、すなわち、ドイツなどの強国に即飲み込まれることを意味するからです。

また、各国ともに文化も政治制度も違い、国家統合を拒絶する国のほうが多い。現在のイタリアの状況は、ＥＵというものの存在の脆弱性を象徴するものなのでしょう。

ＥＵはヒト・モノ・カネの壁をなくすというグローバリズムの象徴でした。しかし、これは誰もが恩恵を受けているときには問題はないのですが、グローバリズムの推進は自由という名の弱肉強食の世界で、超格差社会に突き当たります。そして、すでにＥＵはこの反動期に入っているともいえるのでしょう。

躍進目覚ましい保守政党

３月にイタリアで保守政権が返り咲き、５月のハンガリーの総選挙では与党の「フィデス・ハンガリー市民連合」が３分の２の議席を獲得し、リベラルメディアが「極右」呼ばわりするオルバン大統領が３選を果たしています。

これでポーランド、オランダ、スペイン、オーストリア、ベルギー、イタリアが「極右」政権となったわけです。同様にフランスとドイツでもグローバリズムと反移民の声が高まっています。

ＥＵ本部はグローバリストの巣窟《そうくつ》であり、イタリア経済をギリシャより劣悪などと批判を重ねてきました。しかし当のイタリア市民は「文化多元主義」などといったきれいごとをまったく相手にしていません。

肥大化した国連も、ＥＵの官僚組織もどちらも要らない、という声が高まっています。人権派やポリティカル・コレクトネス（政治的正しさ）に痛めつけられた国民によるナショナリズムが、ナショナリストのいる政党を支持するのは必然といえましょう。

9月には、スウェーデンで「極右」といわれるスウェーデン民主党（ＳＤ）が躍進しました。スウェーデンは移民大国で、２０１５年には16万３０００人の難民申請者を受け入れました。これは人口当たりの受け入れ人数としてはＥＵ最大です。しかし、移民問題が台頭し、スウェーデンの保守的な政党は軒並み反移民を唱えているのです。

ドイツですら南部のバイエルン州など「右派」で、反難民、反イスラム教を主張する「ドイツのための選択肢」（ＡｆＤ）が台頭しています。

10月にバイエルンで行なわれた選挙でも、ＡｆＤが躍進し政権与党が大敗しています。このままＥＵ崩壊がドイツから起こらないとも限らない状況なのです。

バイエルンはもともとバイエルン王国として近隣国オーストリア、プロイセン両国の間で巧妙に立ち回っていましたから、ドイツ国内でも一線を画している州です。したがって、「バイエルン州ファースト」が成り立つわけです。しかもカトリックが多いということで、隣国のオーストリアと親和性が高いのです。じっさい、6月にバイエルン州首相はオーストリアのクルツ首相とリンツで会合し、難民対策で連携強化をアピールしています。

なぜそんなことになったかといえば、10月の選挙に向けて、メルケル首相が率いる与党「キリスト教民主同盟」（CDU）および連立与党である社会民主党（SPD）と、バイエルン州との地域政党「キリスト教社会同盟」（CSU）の対立が先鋭化してしまったからです。

CDUとCSUは、名前を見てもわかるとおり姉妹政党であり、政治的立場も中道右派として、これまでは選挙戦でも共闘してきました。しかし2015年にドイツが100万人の大量難民を受け付けて以来、その影響をもっとも受けたのがバイエルン州だったため、これまで移民政策を支持していたCfUの同州における支持率が急速に下がってしまったのです。

反対に反移民のAfDの支持率が伸びて、議会で過半数を占めていたCSUの立場が危うくなったため、反移民への強硬策をとらざるをえなくなりました。これが両党対立の経緯です。しかし前述したように選挙で大敗したため、CSUの支持率は37・2％まで低下しました。

そのため難民に対し強硬路線を主張するCSUと、欧州統合の難民政策を模索するCDUが対立し、CSUのゼーホーファー内相は「バイエルン州ファースト」を唱えCDUとの政党連携の分裂まで警告。それに対し、ドイツだけでなくEUが崩壊すると、猛反発しているのがSPDです。

EU最大の失敗は移民だった

EUの最大の失敗は何かといえば、もともとキリスト教統一国家の建立というのが目標だったはずなのに、途中から移民を受け入れることによってどんどんムスリムが入り込み、結果的にキリスト教の統一国家ができなくなってしまったことに尽きます。

ですからイスラム教に対する反発が移民危機が起きたことによってEUそのものの存続がおかしくなってしまったわけです。

しかし、その移民危機が起きた元をただせば、2010年末のチュニジアで勃発した「アラブの春」がエジプト、リビアを経て12年にシリアにいたり、内戦が起きたからです。

中東アラブ諸国は民主主義ではありませんが、王族や独裁者など権威主義による安定した統治構造を維持していました。じっさいチュニジアのベンアリ政権は23年、エジプトのムバラク大統領も24年、リビアのカダフィー大佐に至っては42年と、いずれも長期政権でした。強権的とはいえ支配者と被支配者という関係でうまく治まっていたのです。

ところがアメリカが仕掛けた「アラブの春」が支配層を壊してしまったことにより宙に浮いた石油利権をめぐって内乱状態になってしまった。そこにISといわれるイスラム教を装うテロリスト軍団が入ってきていっそうの混乱を招き、大量の移民を欧州に押し出してしまったのです。

なかでも最悪の状況を迎えたのがシリアです。欧州に怒濤《どとう》のごとく押し寄せた「シリア難民をかわいそうだ」と受け入れたのが、メルケル首相をはじめとしたリベラルグループで、EU崩壊の危機を自ら招いたといっていいでしょう。以来、中東北アフリカの人たちが「難民」としてドイツに行けるようになってしまった。本来なら難民の資格のない人たちまで民族大移動を始めたのです。

もともとシェンゲン条約というのは、加盟国間のなかは出入国審査なしで国境を自由に往来できること、すなわちヒト・モノ・カネの移動が自由になることです。

ＥＵ＝シェンゲン加盟国とは限りませんが、アムステルダム条約によってシェンゲン条約がＥＵ法制度に統合されることにより、移民・難民に関する共通の政策化がＥＵの目標となりました。

その際、問題になるのはシェンゲン域内の自由化を守るために必要な、域外に対する国境管理の徹底です。卵の殻のように閉じて、最初に難民が入ってきた国で難民審査をし、資格のあるものだけを内側に入れ、そうでなければ城壁と同じで国境の外に追い返しましょう、というのが本来のＥＵの仕組みでした。

ところが、ドイツが難民を受け入れたのは、その外郭を壊すことにほかならなかった。同様にシェンゲン協定を利用してテロが横行しました。これにヨーロッパが耐えられなくなって、外殻の国であるオーストリアやハンガリー、そしてドイツまで一時的に国境管理を再導入しました。とんだとばっちりを受けたのが、シェンゲン非加盟国のボスニア・ヘルツェゴビナで、クロアチアに入れない難民が滞留しています。ボスニアにはやはりシェンゲン非加盟国のマケドニアやアルバニヤ経由の難民も来ます。要するに国境管理の弱い国にしわ寄せが及んだわけです。

これが問題になるのは、難民にしても移民にしてもテロリストの温床となることです。

難民には二通りの人たちがいます。すでにＥＵ圏内に入り込んでいる人、そしてもう１つは国境で止められている人。国境で止められている人たちはドイツに行けると思って、それぞれの国に持っていた生活基盤を金にして、渡航費を稼いで移動を始めたのに、途中で止められてしまったわけです。入ってきた人は入ってきた人で「移民」ということで排斥され、仕事もない。仕事がなく食えないために宗教に傾斜し、ＥＵに対する不満が高じてテロリストになる可能性が高くなったわけです。同様に国境で止められた人たちもＩＳがテロリストにハンティングする。したがって、難民に対しても限度を超えれば排斥するしかありません。

トランプ大統領はこれをよく理解しているわけです。もともと国境というのは何のためにあったかといいますと、文化衝突を防ぐためにあった。同じ文化同じ民族で同じ言語を持つ人たちが安定して暮らすために壁をつくったことから始まっています。境界線をつくることによって、お互いの生活圏を守ろうとしたのが、国境のはじまりであり、国家だったはずです。ＥＵは自らの手でそれを壊してしまったわけです。

第5章

世界激変、どうする日本

極東の「火薬庫」北朝鮮リスク

「貿易戦争」の段階から、中国への「宣戦布告」と見なされたペンス副大統領演説のように米中が全面対決に突入し、台湾、東シナ海、南シナ海は一触即発による軍事衝突も起こりうること。そういう最中にあってもＧＡＦＡをはじめとした米国巨大ＩＴ企業は中国市場を狙い、一方の欧米国家は規制により企業の動向に網をかけ、中国制裁へ協力させようと画策していること。欧州の崩壊、中東の混乱が世界情勢の波乱に連鎖しかねない緊迫した状況であることなどをこれまで見てきました。本章では激変する世界のなかで、日本が置かれた状況を分析し、生き抜くための道を提言したいと思います。

日本にとっての地政学リスクといえば、言うまでもなく朝鮮半島です。日本の戦争の歴史をひも解くと大半が半島からもたらされたものであることがわかります。日清戦争、日露戦争もそうでした。世界に目を転じれば、バルカン半島もヨーロッパの「火薬庫」と呼ばれましたし、クリミア半島も大国の激突の舞台となりました。極東アジアにおいては朝鮮半島がまさに「火薬庫」なのです。

忘れてはならないのは、朝鮮戦争（１９５０〜53年）はまだ終わっていないという事実です。したがって、米国はいつでも金正恩《キムジョンウン》委員長の首をとることができます。だからこそ金正恩委員長は核ミサイルを盾に米国と平和条約を結び、体制の保障を取り付けたいのです。

そうした観点から歴史的といわれた米朝首脳会談（18年6月12日）の共同声明を読むと、興味深い点があります。内容は次のとおりです。

（１）米国と北朝鮮は、平和と繁栄を求める両国民の希望どおりに、新たな米朝関係の構築に向けて取り組む。

（２）米国と北朝鮮は、朝鮮半島での恒久的で安定的な平和体制の構築に向け、力を合わせる。

（３）北朝鮮は、２０１８年4月27日の「板門店《パンムンジョム》宣言」を再確認し、朝鮮半島の完全な非核化に向け取り組む。

（４）米国と北朝鮮は、戦争捕虜、戦闘時行方不明兵の遺骨の回収、すでに身元が判明している分の即時引き渡しに取り組むここでとくに注意を要するのは（1）です。日本では、「米国が金正恩体制を保障する」と誤って報じられている印象です。確かに一見そのようにとれなくもないのですが、（1）の正しい読み方は「北朝鮮の安全の保障」であって、「金正恩体制の安全の保障」ではありません。あくまで「両国民」の希望する新たな米朝関係の構築です。

この声明は（1）と（4）が表裏一体となった米国と北朝鮮の国家間の安全保障条約締結と見るべきでしょう。

北朝鮮からすれば、敵国は米国に限りません。中国もロシアもあわよくば半島を侵略する「敵国」の側面があるわけです。当然、北朝鮮の核ミサイルは中国にもロシアにも向いている。ですから、北朝鮮を中国、ロシアから守るというのが（1）の意味であり、米国が金正恩体制を認めたことでは決してありません。

ではどうやって北朝鮮を守るかといえば、（4）です。そもそも北朝鮮国内にある遺骨は朝鮮戦争で闘った米軍の軍人のものである以上、回収を行なう「調査団」は米軍の軍属およびOBがになうことになるでしょう。つまり「調査団」が入るということは、北朝鮮国内に米軍関係者が入ることにほかなりません。

調査団がどの程度の規模なのか、特殊部隊か、一個師団かは明記されていないので、北朝鮮を守るための軍事力は在韓米軍を移動して在北米軍に再編してもいいということを含んでいます。

その条件として（3）があり、米軍監視のもと核開発をやめる約束を守れば、米国は北朝鮮を2つの大国から守ってあげますよ、というのがその真意となるのです。

（2）の「持続して安定した平和体制」というのは金正恩委員長が納得する形での体制維持ですが、私はおそらく米国は金王朝による天皇制を考えているのではないかと思います。要するに独裁体制ではない、戦後GHQによる日本統治をモデルに考えているのではないか、と推測しています。ですから、絶対王政から立憲君主制への移行です。

トランプが狙う北朝鮮利権

トランプ大統領の交渉というのはじつは「イエス」か「ハイ」しかありません。「イエス」か「ハイ」しかなくて、「ノー」というと、条件を釣り上げるからです。だからヤクザの恫喝《どうかつ》と一緒で、これはどこの国に対しても同じやり方をしています。金正恩委員長はこの条件を呑むしかないのではないかと思います。

もっとも北朝鮮が「天皇制」になった後に、国民が象徴としての「金正恩」を受け入れるかどうかは不明です。

仮に韓国が想定するような経済発展、南北交流が進めば、国民の反乱が起こり、金正恩委員長の体制を維持できなくなる公算が高いでしょう。金正恩委員長のような独裁者にとって、民主主義は敵です。経済発展により国民が豊かになれば体制維持がますます難しくなるのは目に見えています。蝋燭《ろうそく》デモのようなことをされたら、たまらないわけです。体制内の大粛清、国民への大弾圧、さもなくば体制崩壊が待ち受けています。

トランプ大統領が金正恩委員長とディールする可能性が低くないのは、米国が北朝鮮という土地のうま味を知っているからです。戦前、日本が朝鮮半島を併合していたときに、北朝鮮のウランをはじめとする地下資源の入念な調査を行なっており、そのデータをGHQは握っていたのです。もしディールが成立すれば、資源を目当てに米国企業が採掘し、北朝鮮にエネルギーの対価を払う。北朝鮮はそれにより外貨を稼ぎ国内のインフラを整備する。あるいは外資に投資させてもいいでしょう。

一方、日朝の間には拉致《らち》問題と戦後補償の問題が横たわっています。米朝会談でも拉致問題は「提起」したとのことであり、その後の安倍総理の記者会見で、拉致問題が解決しない限り、日本は経済支援を行なわないという日本側の姿勢が示されました。そもそも米国は国家として経済支援を行なわないと公言しており、要するに日本に「カネを出せ」ということでしょう。

とはいえ、米朝関係が進むなかで、日本もこうした対応を迫られています。日朝首脳会談に関して両首脳が言及するようになりました。いずれにせよ、米中間選挙後に２回目の米朝首脳会談が行なわれるので、そのあとの話となるのでしょう。

北朝鮮問題の最大のリスクは韓国

北朝鮮問題で最大のリスクは韓国です。韓国は米朝会談後に北との関係改善に前のめりで動いています。18年10月10日にも韓国の外相が北朝鮮へ非核化をうながすため、単独で北朝鮮への経済制裁の解除を検討していると表明しました。ところが北朝鮮の謝罪が先だなどとして一部の保守派議員から批判が集まったため、韓国外務省は公式に撤回、制裁解除の検討を否定しました。

韓国は10年に、海軍哨戒艦「天安」が北朝鮮の魚雷により沈没し乗組員ら46人が死亡した事件以来、独自制裁としてほとんどの貿易を禁止していたわけです。トランプ大統領も、米国の承認なく韓国が北朝鮮への制裁を解除することはないとの見解を示し、けん制しましたが、韓国内で制裁緩和を求める意見が増えていることは間違いないので、先走りしかねません。

また、南北の鉄道・道路連結式の着工式を、18年12月初旬に実施すると韓国は単独で決めています。これは南北首脳会談の平壌共同宣言に基づき、閣僚級会談で両国が合意したものですが、言うまでもなく韓国による北朝鮮への経済協力にあたります。韓国は明らかに前のめりの姿勢を見せています。

半面、本来対北朝鮮で連携をとらなければならないはずの日本に対しては、観艦式に参加予定だった海上自衛隊に対し、韓国の国民感情に配慮して旭日旗を掲揚しないよう自粛を求めるという、国際慣例において非常識な行動に出ました。

これは完全に韓国側の非礼ですが、結局、日韓双方の主張に折り合いがつかず、日本側が海自艦艇の派遣取りやめを決めました。

そもそも外国の国旗や国章といったその国の象徴とするものを侮辱するのは、国際法であるウイーン条約に反する行為です。韓国はこれまでも当たり前のように日本国を侮辱し続けてきました。今回の護衛艦における旭日旗の掲揚は、国内・国際法ともに根拠のある話で、法を破れと主張しているのが韓国です。これは国交を断絶されても仕方がない案件になるわけで、日本政府はこれまでも韓国に甘い態度を取り続けてきた。その結果、韓国を必要以上に増長させてしまったということでしょう。

そもそも旭日旗を「戦犯旗」と言い出したのは2012年ごろからで、それ以前の観艦式では何も問題にされていませんでした。この言葉は学術用語ではなく、韓国でつくり出された新造語で、戦争犯罪者の略称に「旗」を合わせた単語にすぎません。それを韓国の学者が広め、活動家がさらに拡大し、政府が反日政策に利用する、韓国のお家芸です。日本とすれば無視するにしくはありません。

未来志向の外交というのは日本が韓国に与えた最後の逃げ道だったのですが、そのことをまったく理解していないのでしょう。このままでは韓国は、蝙蝠《こうもり》外交と情知政治で国を滅ぼしかねないことを知るべきでしょう。

ただこれは非常にいいことでもあって、韓国は経済的に困窮すると必ず日本にすり寄ってきます。中国もそうですが、その場合に靖国神社と旭日旗が日本側のカードになることがわかりました。両国が近づけないように、魔よけのお札として旭日旗を掲げておけばいいのです。

冗談はさておき、日本としては本来なら大使召還も含めて、断固厳しい態度を取るべきなのです。しかし北朝鮮問題もあり、韓国に対し強い態度に出られないのです。

いちばん簡単にできる報復の方法があります。

いま韓国経済はものすごく悪くなっています。

17年2月に世界7位の規模を誇った韓進《ハンジン》海運が破産して以来、韓国の海運産業は急速に崩壊しました。

海運会社の競争力を計る遠洋コンテナ船船腹量は2016年8月の105万TEU（1TEUは20フィートコンテナ1個）から今年6月には49万5500TEUと半減しています。

海運業全体の売り上げも、韓進海運が破産する前の15年の39兆ウォン規模から17年は32兆ウォン水準に急減しました（18年8月23日付「中央日報」）。

海運と密接な関係にある造船業も壊滅です。韓国「デジタルタイムズ」によると、造船業のビッグ2の「現代重工業」と「サムスン重工業」がともに沈み、造船業全滅の様相を呈しています。

現代重工業は営業損失１７５７億ウォン（約１７０億円）を記録し、17年第４四半期（10～12月）から3四半期連続で赤字です。

サムスン重工業の売上高は前年同期比41・４％減の1兆３４６６億ウォン（約１３２０億円）、純損失額は１４２７億ウォン（約１４０億円）に上っています。

したがって日本は弱った韓国経済の「クビ」を少し締めつけるだけでいいのです。韓国のいわゆる国策銀行といわれる、輸出入銀行、産業銀行、起業銀行への日本の銀行からの円建て融資や融資枠の設定を見直すのです。

この3行はこうした企業に貸し付けが大きすぎて、信用不安がいつ生じてもおかしくない状態にあります。もはや3行単独では債権が発行できません。発行しても金利が上がったり売れ残ったりしているのです。それをみずほ銀行など日本の銀行団が与信枠を与えることによって支えていたのです。

ですから日本の金融庁がもう一度審査し直して、銀行への行政指導として韓国向けの債権のリスク区分を引き上げ、韓国向けの保証枠に対しても、リスク分を引き上げるよう要請すればいい。日本の銀行は貸し渋り貸しはがしに出るわけです。そうなると、韓国は外貨不足が本格化するだけでなく、輸入に必要な信用状が受け取ってもらえなくなるケースも出てくるわけです。必然的にウォン安になり、外貨流出が止まらなくなります。ドルとの通貨スワップがなく、担保できないため経済危機が起きるでしょう。これを徐々にやって真綿で首を締めてゆくというのが、日本がいちばん簡単にできる韓国への報復です。

韓国人にとってある意味特別な自動車産業も壊滅的です。

GMの群山《クンサン》工場閉鎖、内需・輸出不振による自動車・部品生産量の急減、自動車部品会社の赤字累積、堅調だった自動車部品会社の破産、自動車部品会社代表の過労死など、多くの問題点がここ2、3年の間に噴出しています。日本の自動車には性能・技術で劣り、中国の自動車には価格で負けて優位性が何もありません。自動車会社、部品会社ともに競争力がなく凋落《ちょうらく》の一途をたどっています。しかも生産性が著しく劣っています。自動車を1台生産するのに24時間のトヨタ自動車や21時間の米フォード・モーターに比べ、閉鎖したGMの群山工場は60時間近く、つまり約3倍も時間がかかる効率の悪さです。

文在寅《ムンジェイン》政権の看板政策による混乱がさらに経済悪化に拍車をかけています。

「2020年に最低賃金1万ウォン」を打ち上げ、2年連続となる最低賃金の2ケタ引き上げを決めたのはいいとしても、これに中・小企業の団体は猛反発。労働者側も「期待外れ」とあきらめ顔です。

18年の最低賃金は前年比10・９％増の時給８３５０ウォン（約８３０円）になり、他の主要国（日本の３％）と比べても、引き上げ率は突出しています。しかし、当たり前の話ですが、給料を上げれば、利益が減るのは企業です。その結果、人件費上昇によりリストラしたり、会社が倒産したなら本末転倒です。実際、コンビニやガソリンスタンド、食堂などでその影響が直撃しています。コンビニでは従業員を減らし、店主が不休で深夜勤務するケースが続出しているのです。

また、それにともない物価も上昇しています。ただでさえ猛暑や原油価格の上昇で物価が上がっていたところへ油を注いだ格好です。

国民は急騰する物価に悲鳴を上げています。韓国農水産食品流通公社によると、猛暑のため１カ月前と比較してホウレンソウは98％、高冷地ハクサイは80％ずつ価格が上昇したといいます。ハクサイや若大根、ブドウなどが例年より50〜30％減産し、価格は週に20〜30％ずつ上昇しているという話も出ています。

あげくに労働者と経営者の対立が一斉休業や街頭デモなどの抗議活動を生む悪循環に陥っています。大衆迎合主義の悪しき政治の最たる例でしょう。

韓国はこれまで見てきたように、いま経済が最悪の状況です。それを誤魔化すために、またぞろ「反日」で国民のガス抜きをし、「南北融和」を演出しているのです。

韓国の非常識な行動によって米朝関係が悪化すれば、米軍による北爆の可能性がないとはいえなくなります。

ただ日本としては、もしアメリカが北爆するのであれば、10月から3月までにやってもらいたい、というのが本音です。日本海が荒れる冬でないと、朝鮮半島からの「ボートピープル」が大量にやってくるのは目に見えているからです。

これは大問題で、朝鮮半島が戦争になると、遠からず北朝鮮の偽装難民（工作員）が38度線を越えて日本にもやって来ます。北の敗残兵が民間人を殺して服を奪って、難民の群れにまぎれ込むのです。これもう、ごく当たり前に想定できることです。

難民がやってきてしまったら、人道的見地からも日本は受け入れるしかありません。ただし無条件で受け入れるのは、あまりに危険です。偽装難民に対処するには、無人島を確保したうえで、いったん難民全員を収容し、チェックする以外にないでしょう。現にオーストラリアでは離れ小島にバラックを建てて難民を収容し、「身体検査」をしています。

本当の難民に対しては、日本には震災後に建てた仮設住宅がたくさんあるので、大いに活用すればいいでしょう。

日本も無人島などにそうした施設を建てることを検討すべきです。

世界で生き抜くための憲法改正

最近でこそ喧伝しなくなりましたが、第１次安倍内閣発足から安倍総理は「戦後レジーム」からの脱却を唱え、戦後70年談話（２０１５年）でも新しい日本をつくり、未来志向の外交を行ない、未来志向の経済大国をつくっていく、というのを最大の政治課題にしてきました。

そのなかで憲法改正という自民党の立党時代からの党是である大きな改革を実行しようとしているのですが、それに反対する抵抗勢力の力も同様に強大になっていると見ていいでしょう。

右が強くなれば左も強くなる、というのが世界共通の現象です。米国においてもヒラリー・クリントン氏と争った「極左」のバーニー・サンダース上院議員が民主党内で権力を拡大したものです。今回の中間選挙の予備選挙において共和党は「共和党主流派」といわれるネオコン系の候補がどんどん脱落し、トランプ系のナショナリスト候補が勝利しています。

これは日本においても同じで、安倍総理が権力を拡大していく過程において、日本全体も「保守化」していき、それに反発する「左」の人たちも本来一緒にならない者同士が手を組んだり、非常に激しい運動を繰り返すようになったりしています。逆に言うと、いやでも手を組まなくてはならないほど追い込まれている現実があるのでしょう。

日本の民主党政権の失敗で、いわゆる左派政策では、政治的にも安全保障的にもいっさい対処できないことが露見しました。民主党政権の尖閣諸島中国漁船衝突事件（２０１０年）での事なかれ主義、東日本大震災における無力・無能を国民はいやというほど体感してしまったのです。それがあまりにショックすぎて保守化している側面もあるし、またインターネットによってサイレント・マジョリティー「声なき大衆」といわれる人たちが自ら発信する媒体が生まれたことによる影響も大きいのでしょう。

このネット媒体の誕生こそが世論形成に力を持ち、いわゆるテレビ新聞といった既存メディアへの信頼が一気に低下したのです。新聞も各紙が急激に部数を落としており、赤字目前という会社も少なくありません。このような潮流のなかで、政治が左右先鋭化するなかにあって世論は保守化を進めている、というのが世界の潮流なのです。

左派が負け右派が勝つ。その流れに日本も同調しています。それを踏まえたうえで、これから起きることを考えていかなくてはなりません。

９条より問題な憲法に仕込まれた毒薬

ところが憲法改正といえば、憲法９条の問題ばかりがクローズアップされています。じつは日本国憲法には日本を発展させないための「毒薬」といわれる大きな欠陥が、複数入っています。これはＧＨＱの罠《わな》ですが、その最大のものが個人の権利と公共の福祉の均衡であって、憲法において個人の権利が守られすぎています。福島の復興が進まないのもしかり、道路一本通すのに何年もかかってしまうのもまたしかり。

したがってここはトランプ流に学ぶべきでしょう。トランプ大統領は就任後早い段階で、最高裁判事を指名すると公約していました。フィリバスター（議事妨害）を無効化し、過半数で議会を通過できる特例（核オプション）を利用し、保守系判事を任命しました。

これにより早々に最高裁は保守4、中道（保守寄り）1、リベラル4になり、保守側に有利な判決が出せるようになったわけです。そして今回、保守派のカバノー氏が中道派のケネディ氏の替わりに判事に任命され、保守5、リベラル4へと逆転したのです。しかもリベラル側の2人は80歳以上と高齢であるため、遠くないうちに引退することが予測されます。

米国最高裁判事は終身制なので、トランプ大統領の就任中に2人の判事が引退すれば、当然、保守系の福音派を中心とした判事が入ってくることになります。そうなってくると、米国はよりいっそう大きく変化することになるでしょう。米国がくしゃみをすれば日本が風邪をひくといわれるように、日本も変わらざるをえなくなります。変革するうえでも憲法改正というのは非常に重要なものとなってくるでしょう。

幸い、3選を果たした安倍総理は、フリーハンドの立場を手に入れたと言っていいでしょう。安倍総理は良くも悪くも、子供や後継者がおらず、選挙区事情や党内事情を考慮する必要はありません。さらに今回が最後の任期であるため、次の総裁選を考慮する必要もなくなったわけです（もっともプーチン大統領のように、いったん総理を退いてから次の総裁選を狙う手もありますが）。また、そのためのメディア改革を進めるのにもいい機会だと思います。

安倍首相、麻生副首相の「3つの密約」のうち、最後の1つである「憲法改正」の土壌ができたといえるでしょう。3つの密約の残りの2つは、東日本大震災からの可及的速やかな復興と、デフレからの脱却です。いずれもまだ道半ばではありますが、前進していることは間違いないでしょう。

そして、3つ目の憲法改正と自主憲法制定は、自民党結成以来の悲願といえるものです。安倍・麻生両氏ともに日本の戦後をつくってきた岸信介と吉田茂の直系であり、両氏は任期中に実現するという目標で一致してきました。そして、安倍総理に残された任期はあと4年弱、最後の年は選挙の年になるため、事実上3年程度です。憲法改正には、国会での発議と衆参両院3分の2の議決、そして国民投票というプロセスが必要になるため、最低でも1年はかかります。また、その間に予定されている国政選挙は2019年6月の参議院選挙です。最短のオリンピック前までという目標を実現するには、ここで国民投票を行なう必要があるのです。そうなると、事実上あと1年半しか残っていないことになります。

したがって、その道のりは時間的にも厳しいですが、改憲に向けて確実に近づいているりも、また事実なのです。

憲法改正をする前に放送法改革が必要です。テレビ・新聞といったオールドメディアの偏向があまりにも酷すぎるからです。

ポイントは放送法改革でいわゆる放送法の4条を排除する代わりに、新規メディアの参入を認めるネットオプションとセットで、米国型の放送改革が必要です。

放送メディアは放送法第4条によってフェアネスドクトリン（公平性規定）があるため、偏ったポジションをとることができないことになっています。これは1950年にGHQにより定められたもので、米国では1987年に廃止されています。もっとも日本の場合はクロスオーナーシップ――新聞社がテレビ局を持ち、テレビ局が新聞社を持つ企業構造となっているため、ペーパーメディアであっても、本音はともかく建前上は公平性をうたっています。朝日新聞における「不偏不党」がその典型です。

それに対して米国のメディアは、明確に主義主張を打ち出しています。もともと米国においても公平性に対する議論がされたことはありましたが、それよりもメディアの多様性を優先し、ポジションを明確にしたわけです。

そのなかで生まれたのが、共和党メディアであるフォックステレビであり、民主党支持のCBSテレビやABCテレビです。ポジションの違いを明確に打ち出すことにより、メディア同士のパワーバランスを保つことができるのです。

日本でも新聞は産経新聞と朝日新聞では明確な違いを打ち出してはいます。しかし、新聞はおそらく10年以内に消滅する可能性が高いでしょう。いわゆる宅配モデルがもう成立しなくなっています。新聞社は通信社として残るかもしれませんが、先行きは暗いでしょう。

激動する世界についていけない日本の官僚

米国の国内政治の影響が日本にもおよび、国家が変わっていく際に問題なのは官僚です。

政治家は選挙で入れ替えがあっても、官僚にはそれがありません。あるのはイス取りゲームで、米国のように政権交代により半数から7割のスタッフを入れ替えが行なわれることもありません。それに米国のようにシンクタンクをつくったとしても、日本ではシンクタンクを養う企業スポンサーがつきません。企業が積極的にロビー活動を行ない、官僚スタッフを予備陣営として雇っておくことなど日本企業にはできないし、日本人は拒否反応を起こすと思います。

日本の官僚制といったら、それこそ源流は大宝律令の飛鳥時代にまでさかのぼるので、そうした制度を抜本的に変えるのには抵抗が強いでしょう。

とはいえ、現代風にアレンジできるところは変えていかなければならないわけです。その筆頭は人事権の問題です。

第二次安倍政権発足後、内閣政治主導にすべく、省庁の幹部６００人の人事を内閣官房の下に置かれた「内閣人事局」（２０１４年）が一元的に行なうように変更しました。

これは「省益あって国益なし」という省庁縦割りの仕組みを打破するためです。内閣人事局が幹部の実質的な人事権を握ったわけです。これに対して霞が関から猛烈な反発が起きたのも事実です。ただ、その反発を許してしまえば政治主導など不可能です。そういう意味において、もう少し国民も理解すべき問題です。

大上段から袈裟《けさ》斬りにするような改革をしないといけないのだろうと思います。もちろんすべてを民間がやればいいのではなく、民間がやるべきことと公がやるべきことをもう少し整理する必要はあります。世界の構造がここまで大きく変わっているのだから、日本も大変革できなければ、ふたたび敗戦国の道をたどることになるでしょう。

戦後の日本人にはすっかりわからなくなっていますが、戦争でもっともやってはいけないことは負けることです。戦争をすることが悪いのではなく、負けることが悪いのです。負ける戦争は絶対にしてはいけない、というのが国家の鉄則なのです。勝てないなら戦争はやってはいけないし、勝てないなら勝ち組にくっついていくしたたかさがなければなりません。

日本国民の大半は戦争の勝ち組に乗ろう、あるいは戦争に勝とうという意識はないと思います。そうだとすれば、米国にくっついているのがいちばんいいわけで、じっさいこれまでも日米同盟を基軸として選択してきたわけです。その点、冷戦時代の日本は安定していました。冷戦崩壊後、これが曖昧《あいまい》になったために混乱したのです。いまその揺り戻しが起きている、ということです。

省庁再編でいえば、失敗だったのは経済企画庁と通産省を合併していまの経済産業省にしたことです。

経済企画庁は世界と仲良くしましょうという省庁で、通産省は真逆で世界を相手にケンカをしていた省庁です。エネルギー政策や貿易摩擦交渉においても、そうです。仲良くしましょうとケンカしましょうを一緒にしてしまったら、無力化するのは当然です。いまの経産省も改めて考える必要があるし、冷戦化する世界において、レッドカーテンの向こうにいる日本企業の撤退も含めた知的財産保護などを、米国と連携して実行していかなければなりません。というよりも、米国が連携を求めている以上、日本には選択肢はないわけです。

それによって官僚たちの役割は増えますが、そのためにはいまの官僚組織の年功序列型だったり、先例踏襲主義を改めなくてはなりません。

これの元凶は加点方式ではなく、減点方式であることです。減点方式から加点方式に変えるだけで、官僚たちは仕事をやりやすくなるし、やらないと出世できなくなります。いまの減点方式では仕事をやらない官僚が出世します。激変する世界の潮流で生き抜くには、こうした人事面の変革が必要となるでしょう。

問題はオリンピック後のビジョン

日本経済にとって、２０２０年のオリンピックというのが、良くも悪くも１つのシンボリックなものになっているきらいがあります。不動産がそうですが、五輪後には暴落するといわれています。貿易戦争でチャイナマネーが後退すれば、不動産の買い手が減少します。政府は万博開催に期待を寄せていますが、いまの執筆時点ではまだ決まっていません。

したがって、五輪後に新たに何を目標とするのかが大きな政治課題です。目標がないと国民は一致団結できません。平和国家日本において、そういった目標をつくるのは非常に難しいわけです。アメリカのように戦争ができる国であれば、それが国民を１つにします。アメリカにとって正義の証明は戦争なのです。どのような目標を設定し、国民をポジティブな方向にもっていくのか、というのが日本において１つの大きなポイントなのです。

いま、日本経済において雇用は大きく改善され、完全雇用状態にあります。名目ＧＤＰ

も伸びつつあるのですが、戦後2番目の好景気といわれながらも、景況感を感じられない。このマインドの冷え込みがいちばん大きな問題で、やはり何らかのポジティブなイメージ戦略というのが政治においても非常に重要になります。

オリンピックが終わってしまうと、日本全体が燃え尽き症候群に陥る可能性があります。そうならないために、政治がどのような目標を打ち出せばいいのでしょうか。たとえば中国の「中国製造２０２５」は国家目標として悪くありません。中国は「中国製造２０２５」という目標をつくり、国力をそこに集中し、国全体を動かしていこうとしました。しかし誤算だったのは、それが米国の逆鱗にふれたことでした。結果的に中国は米国の大きな標的にされてしまいました。

ですから「日本製造２０２５」でもかまいませんが、日本国としてどういうものをつくるのかを次の総理候補がいまの段階からきちっと明確にビジョン化する必要があります。夢物語じゃない、きちんと実現できる目標を立てるべきです。「中国製造２０２５」のように、たとえばＥＶよりも技術的にはるかに高度な燃料電池車を日本全国に普及させるとか、中国やＧＡＦＡに対抗するために後述するような電子決済システムをＱＲコードで統一していくとか。あるいはリニアでもいいのです。そのために政府が具体的にどういう支援をしていくのかメッセージ性のあるビジョンを打ち立てることができるのか、が問題です。

ＧＡＦＡと中国から日本国内のデータを守れ

第1章で述べたように、ＧＡＦＡや中国のデータ覇権に対して、日本がどう対抗するかというのは、待ったなしの課題です。

すでに中国は動き出しています。２０２０年の東京オリンピックに向けて、アリババ集団のジャック・マーＣＥＯからオリンピック委員会の関係者に猛烈なアプローチが始まっています。電子決済システム——アリペイをオリンピックを機に一挙に日本に普及させていこうとしているわけです。いわく、「アリペイを導入すると中国人観光客を呼べる」というのが、そのエサです。

アリペイの日本進出は２０１５年で、いまでは日本国内のデパート、ショッピングモール、空港、コンビニ、ブランド店、ドラッグストアなど、どんどん利用範囲を拡大しています。幸いアリペイは、まだ中国人観光客の使用に限られていますが、このままいけば日本人の個人情報が中国に筒抜けになってしまうおそれがあります。

それを阻止すべく先に日本の統一規格をつくって、中国やグローバル企業など海外勢力が入ってこられない仕組みをつくろうと提案しているのが、元経済再生相で現自民党国会対策委員長の甘利明氏です。

甘利氏のいう日本が早急に行うべき提案は大きく3つあります。

（1）データの取り扱いの公正で透明な国際ルールの構築。日米欧によってデータにおける中国の不公正を是正させる。
（2）日本独自の電子決済システムをつくる。各社・各店共通のQRコードをつくる。
（3）TPPの普及。TPPにより公正なルールを日米でつくって、それを世界ルールにする。

じつはTPPには、技術移転要求禁止も、知財を国家が責任をもって保護することも、違法な輸出補助金の禁止も、国有企業にコンペティターの外国の企業に差をつけるようなアドバンテージを与えてはならないことも、記述されています。日米共同声明の第6項目で示されたこともすでに盛り込んであるのです。ＴＰＰの拡大はフェアなルール無視の中国の締め出しにもなるわけです。

そして、じっさいに日本政府が米国や欧州と国境を越えるデータの流通でルールづくりを目指すことが報じられました（10月19日付「日本経済新聞」）。個人情報の保護やサイバーセキュリティ対策が不十分な国・地域、企業へのデータ移転を禁じる合意が、日本政府の目標です。名指しこそしてませんが、明らかに中国および中国企業を射程に収めていますす。２０１９年６月に開催されるＧ20までに合意を目指すとのことなので、今後急ピッチに議論が進むことになるでしょう。

なぜ日本企業にアマゾンは生まれないのか

ところで、なぜ日本でＧＡＦＡのようなプラットフォーマーが出てこないかというと、最大の理由の１つは、いわゆるファンディングのシステムが米国とまったく違うことが挙げられます。

銀行がベンチャーに対して融資をしないという問題です。ベンチャーに対する融資が日本の場合、ハードルが高いのです。最近になってようやく、クラウドファンディングという形で資金集めができつつありますが、米国に比べるとだいぶ遅れています。米国の場合はファンディング段階、いわゆる企画書の段階でファンドを募ることができます。アイデアだけで、他人資本によるビジネスが構築できるモデルをアメリカはつくっています。

もう1つは日本人の商習慣に関する考え方の違いにあります。基本的に米国の場合、他人資本で会社を興こします。日本人は自分のカネで会社を興こそうとします。ここに最大の違いがあるわけです。

他人資本で会社を興こして失敗しても資本家が損をする、成功すればオーナーも得をするし、最初の出資者・ファウンダーたちも儲《もう》かる。上場できればすぐに儲かるのです。これがアメリカ型の会社システムで、会社自体を売買するという考え方もします。しかし日本にはそれがない。ですから会社というよりは、社会構造の違いが非常に大きいわけです。

これは両者にとって一概に良いとも悪いともいえないことですが、ただ米国は日本型経営システム、日本型社会主義の良い面は高く評価しています。ウィルバー・ロス氏やライトハイザー氏など貿易交渉で闘った相手は日本の良さも悪さも非常に熟知しているメンバーで、日本の良いところだけを貪欲に取り入れようとしています。

日本にアマゾンが誕生しないのは、そういった会社に融資審査する能力すら銀行にないことにあります。

ファンディングのシステムをどうやっていくかは政府が考えることでしょう。ようやく最近は改善されてきましたが、企業がおカネを借りるとき社長の個人保証がいる、これは間違いです。法人と個人は別人格ですから。しかも信用保証協会の保証を取ったうえで、社長の個人保証も取る。こんなものは融資でも何でもないわけです。

不動産におけるリコース・ノンリコースもそうですが、借り手の担保を取るばかりで貸し手責任がほとんどない状態なのです。出資責任、貸し手責任をきちんと取っていく、基本的なシステム変革が必要です。

バブルで痛い目にあっていや気がさしているというのもわかりますが、貸し手側の責任を明確にしていく必要があるし、逆に言うと出資して儲かる仕組みをつくっていかないといけないわけです。

若い人たちの間にはクラウドファンディングなども少しずつ始まっていますが、クラウドファンディングの投資話にはいかさまやいんちきがあるのが問題です。ですからこれを審査する仕組みが必要なのだと思います。仮想通貨を発行して資金を調達するＩＣＯ（新規仮想通貨公開）が一時期中国企業などのおカネを集める手段としてありました、こうしたものをきちんと審査したうえで実施できるようにすればいいと思います。そうでないと外国人のファウンダーに日本の技術を持っていかれる一方になるでしょう。

ですから、日本にも外国投資委員会（ＣＦＩＵＳ）のような対国内資本買収の審査機関が必要です。これにより米国は国内の重要な技術を持つ企業に対する買収をほぼ不可能にしました。土地の買収も含めてです。日本にそれがないというのが問題で、安全保障にまったく意識がないことを露呈しています。個人のレベルでもほんの30年前までは田舎で家にカギをかけていなかったのが、いまはかけ始めているわけです。企業がセキュリティーシステムくらいつくらなければいけないのは当然の話です。この改善がなされていないのが非常に大きなリスクです。サイバー攻撃によって膨大な日本の技術がいま危険にさらされていることを日本人は認識すべきでしょう。

プラットフォーマーを目指す日本企業

日本が職人文化であり、ものづくりの国であるというのは決して悪いことではありません。だからこそ製造業が発達し、技術力でアメリカを支えることができる。ですからＧＡＦのような企業がなかなか誕生しない理由としては、生きる道が違うからと言えなくもありません。

ただ、誤解してならないのは、日本企業もプラットフォーマーとしての地位を築こうとする試みがあることです。

たとえば、コマツは建設や土木の分野で世界のプラットフォーマーを目指しています。「スマートコンストラクション」といって、無人ダンプやブルドーザー、ドローンを活用した土木現場での省力化、無人化を推し進めています。コマツ製以外の車両も含めて生産性の向上を図るもので、１５００キロ離れた集中管理室から操作することも可能です。

また、コマツはコマツの車両から得られるデータを有料でレンタル会社などに提供しています。コマツはいち早く機械に全地球測位システム（ＧＰＳ）を導入し、その稼働を把握するシステムを構築していました。おかげで、中国のような与信管理が難しい市場でも、機械の稼働状況から売った先の支払い能力が把握できるようになったといいます。

コマツのほかにも、対話アプリの大手のラインや通販の楽天はプラットフォーマーになりつつあるといっていいでしょう。トヨタもソフトバンクと提携するなどプラットフォーマーを目指す動きを加速しています。

また、日本のプラットフォーマーを官民でつくるべきだという声もあがっています。現実問題、GAFAのような巨大企業には1社では対抗できないでしょう。場合によってはオールジャパンで当たらなければ太刀打ちできないというのが、本当のところだと思います。これも早急に検討すべきでしょう。

日本の真の豊かさに気づけ

日本が中国のような国にならないことが幸福であるように、日本はGAFAのような時価総額が1兆ドルに近い巨大企業を生み出せなくてもいいのかもしれません。

バブルが弾ける前の89年には、世界の上場企業の時価総額上位50社のうち32社が日本企業であった黄金時代が確かにありました。しかし、２０１８年ではトヨタ１社しか入っていません。それだけを見れば日本の凋落は著しいのですが、果たしてそうでしょうか。

平成は「失われた20年」、あるいは「30年」ともいわれた時代でしたが、実際、日本のバブルは、リーマンショックなど世界のバブル崩壊のなかでも突出して大きかったのです。

バブル崩壊による株価下落率を比較すると、日本が最高値から82％も下落（２００９年3月）したのに対し、世界の株価指数は57％（２００７年10月から２００９年の3月）にとどまります。しかも、日本はいまだに当時の最高値に戻っていないのに、世界の株価指数は15年2月には最高値を更新し、現在はそれから30％近くも上昇しています。日本のバブル崩壊の破壊力がいかに大きかったかわかろうものです。

しかし、これが日本の１人当たりのＧＤＰで比較すると別の景色が見えてきます。

日本は１９８８年から98年にかけて１人当たりのＧＤＰが18％上昇し、他の主要性先進国の平均17％を上回っています。この30年でみると41％の上昇で、日本以外のＧ７の平均44％を若干下回るだけです。

確かにアメリカは52％と、日本より11％も上ですが、日米両国の人口動態で比較する

日本の雇用を守る正社員が多い会社

順位	社名	正社員数（人）	非正社員数（人）	順位	社名	正社員数（人）	非正社員数（人）
1	トヨタ自動車	364,445	86,005	26	新日鐵住金	92,309	15,720
2	日立製作所	303,887	—	27	三菱重工業	82,728	16,612
3	日本電信電話	274,844	90,746	28	ミネベアミツミ	78,957	22,107
4	パナソニック	257,533	—	29	富士フイルムホールディングス	78,501	10,189
5	日本郵政	248,384	167,417	30	三井住友フィナンシャルグループ	77,205	15,965
6	住友電気工業	248,330	38,168	31	三菱商事	77,164	21,959
7	ホンダ	211,915	33,074	32	JR東日本	73,063	25,541
8	ヤマトホールディングス	201,784	—	33	セイコーエプソン	72,420	—
9	キヤノン	197,673	—	34	住友商事	70,900	20,465
10	富士通	155,069	16,684	35	京セラ	70,153	—
11	デンソー	154,493	30,641	36	日本通運	70,092	17,673
12	東芝	153,492	—	37	三菱ケミカルホールディングス	69,291	6,878
13	ブリヂストン	143,616	—	38	ソフトバンクグループ	68,402	12,924
14	イオン	143,374	262,772	39	ダイキン工業	67,036	8,507
15	三菱電機	138,700	7,543	40	スズキ	62,992	23,977
16	日産自動車	137,250	19,366	41	第一生命ホールディングス	62,606	—
17	ソニー	128,400	—	42	ジェイ エフ イー ホールディングス	60,439	—
18	三菱UFJフィナンシャル・グループ	115,275	29,100	43	村田製作所	59,985	1,531
19	NTTデータ	111,664	2,994	44	LIXILグループ	59,248	13,355
20	アイシン精機	110,357	24,737	45	みずほフィナンシャルグループ	59,179	20,219
21	NEC	107,729	—	46	豊田通商	57,988	3,484
22	日本電産	107,062	25,704	47	フジクラ	56,961	12,779
23	リコー	105,613	582	48	電通	55,843	—
24	TDK	99,693	—	49	セブン&アイ・ホールディングス	54,448	86,490
25	伊藤忠商事	95,944	28,525	50	ヤマハ発動機	53,150	9,172

（注）原則連結ベース、単独決算会社は単体の数字。非正社員は従業員の注記に記載される臨時従業員数。—は企業からのアンケート回答なし

出所：有価証券報告書2016年12月期～2017年11月期、及び2011年12月期～2012年11月期の従業員の注記

と、3割以上増えているアメリカに対し、日本の人口増加率は3％にすぎません。10分の1規模です。つまり、アメリカは人口増により、インフラ建設への投資が伸びているのですが、日本は投資ではなく「消費」がGDPを牽引しているのです。しかも「日本の失業率は安定して低位にあり、格差問題も限定的であり、医療費負担も先進国で最低水準にある」（2018年9月12日付「ロイター」「バブル後の日本、企業凋落でも勝ち組」の訳）。したがって、「1国の経済は巨大企業だけでまわっているのではなく、国民の快適さの追求によって図るべき」なのです。

時価総額３兆ドルを超えるＧＡＦＡの全世界での雇用者数41万８０００人に対し、トヨタは非正規社員を含めると45万人強です。時価総額約１８００億ドルのトヨタのほうが多くの人間の雇用を守っているのです。どちらの会社があることのほうが幸せでしょうか。

あとがきにかえて　冷戦時代に戻った世界

近年冷戦という言葉が様々なところで使われるようになったが、私は2010年ごろから世界は冷戦構造に戻っていくと警鐘を鳴らし続けてきた。その読みどおりに世界は向かっている。トランプ大統領の誕生、そして1年半におけるトランプ政治により世界は米中冷戦へと大きく構造を変えようとしている。

米国の失業保険申請者は48年ぶりの低水準で、雇用状況も48年ぶりに改善された。前回の東京五輪は54年前。現在とは冷戦時代の世界にタイムスリップしたようなものと考えればいいだろう。約70年前は国共内戦に勝利した中国共産党がようやく中華人民共和国を設立したばかりだった。

2018年は日中平和友好条約締結40年の節目であるが、もう1つ忘れてはならないのは、日本が民主国家台湾を見捨てた「台湾断交」も40年が過ぎたということだ。日本にとって台湾という存在の意味は非常に大きく、40年前に日本が台湾を切り捨てた責任は決して小さくない。

日中共同声明には、中国の主張を日本は理解し尊重するとは書いていても、認めているとは書いていない。米国も同様の立場だ。

米国がサンフランシスコ条約まで戻り、台湾が本当の中国（中華民国）だった歴史を鑑みればいい。中国（中華人民共和国）の歴史修正主義は許されない。正しい姿に戻すべきである。


トランプ大統領は国連人権委員会から離脱を決めた。人権委員会というのはいわゆる「リベラル」や「人権派」の巣窟で、「人権委員会」の名前を利用して企業からお金を集めたり、ポリティカル・コレクトネスを盾に恫喝行為を繰り返していた。要するに人権でたかる利権団体にすぎない。トランプ大統領はこれを廃絶した。

国連改革ということで、国連への分担金支払いを米国は完全に止めている。マネーロンダリング対策やテロ資金対策をするＦＡＴＦとか国連薬物犯罪事務所（ＵＮＯＤＣ）以外は、政府間機関はいらないのではないか。日本も反日機関にすぎないユネスコなど脱退すればいいだろう。
場合によっては新しい国連を米国につくってもらえばいいだろう。

国連を米国がつくる。1945年に国際連盟が国際連合に転換したように、新しい本当の国際機関では台湾を中国だと認定し、日本がロシアの替わりに常任理事国となるべきであろう。踏み絵を踏むならドイツを入れてやってもいいし、EUを入れてもいい。日本人が本気でやろうという意識を持てばできることではないだろうか。

日本にはリスクは多いが、リスクをリスクと捉えるのではなく、大きなチャンスと見ることもできるはずだ。とくに日本は戦後70年の間、敗戦国の憂き目を味わい続けてきた。だからこの憂き目から、大きく飛躍するきっかけになる可能性のあることもわかるのではないか。

そういう意味では安倍総理は、憲法改正を1つのレジームチェンジの道具として考えている。同様に日本企業も欧米式に染まった経営方法を大きく変化させていく必要がある。もちろん単に懐古趣味に走るのではなく、最新鋭の技術や仕組みを取り入れながらも、社会的には古い構造に戻る。そしてふたたび輝く日本を取り戻すことが必要なのである。

バブル崩壊以降、内向きになり続けてきた日本の政財界も大きく変わらざるをえないときがやってきた。
そして、バブル崩壊と日本の衰退に苦しんだ平成の御代が終わるとともに、新たな御代がやってくるのである。

2018年10月

渡邊　哲也

著者略歴
渡邉哲也（わたなべ・てつや）
作家・経済評論家
1969年生まれ。日本大学法学部経営法学科卒業。貿易会社に勤務した後、独立。複数の企業運営に携わる。インターネット上での欧米経済、アジア経済などの評論が話題となり、2009年に出版した『本当にヤバイ！欧州経済』（彩図社）がベストセラーとなる。内外の経済・政治情勢のリサーチ分析に定評があり、様々な政策立案の支援から、雑誌の企画・監修まで幅広く活動を行う。主な著書に『トランプ！』『世界大地殻変動でどうなる日本経済』『余命半年の中国経済』（以上、ビジネス社）、『米中開戦躍進する日本』（徳間書店）、『あと５年で銀行は半分以下になる』（PHP研究所）などがある。

GAFA vs. 中国

2018年11月15日　第１版発行

著　者　渡邉哲也
発行人　唐津 隆
発行所　株式会社ビジネス社
〒162-0805　東京都新宿区矢来町114番地　神楽坂高橋ビル５階
電話　03(5227)1602（代表）
FAX　03(5227)1603
http://www.business-sha.co.jp

印刷・製本　株式会社光邦
カバーデザイン　大谷昌稔
本文組版　メディアネット
営業担当　山口健志
編集担当　佐藤春生

ISBN978-4-8284-2061-5